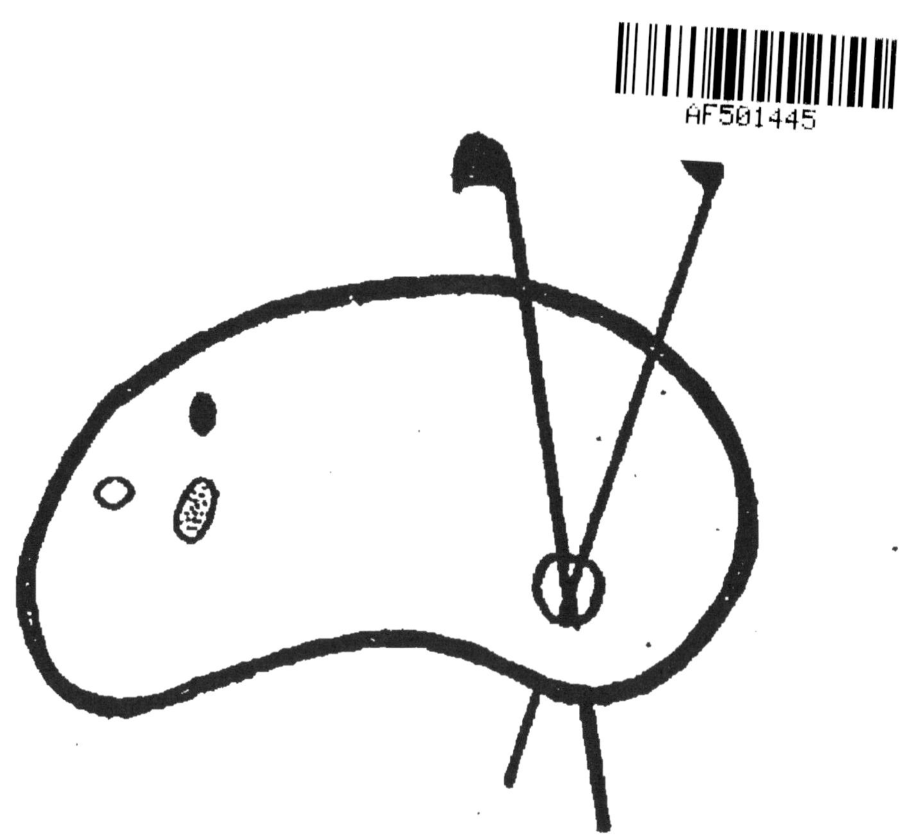

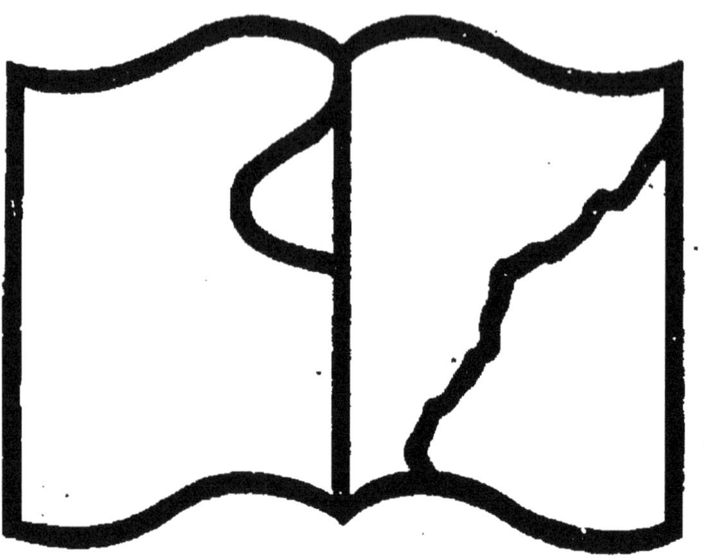

Texte détérioré — reliure défectueuse

NF Z 43-120-11

VALABLE POUR TOUT OU PARTIE DU DOCUMENT REPRODUIT

ÉLÉMENTS

DE

DROIT PUBLIC ET DE DROIT CIVIL

À L'USAGE DE L'ENSEIGNEMENT SECONDAIRE MODERNE

ET DE

L'ENSEIGNEMENT PRIMAIRE SUPÉRIEUR

Ouvrage conforme aux programmes du 15 juin 1891 et du 21 janvier 1893

PAR MM.

J. BOITEL
Ancien élève de l'École normale d'Auteuil
Licencié en droit
Agrégé de l'Université
Professeur au Collège Chaptal.

ET

René FOIGNET
Avocat
Docteur en droit
Professeur de droit.

PARIS

LIBRAIRIE NOUVELLE DE DROIT ET DE JURISPRUDENCE

ARTHUR ROUSSEAU, ÉDITEUR

14, RUE SOUFFLOT ET RUE TOULLIER, 13

Imp. C. Saint-A bin et Thevenot, Sain D 15-17.

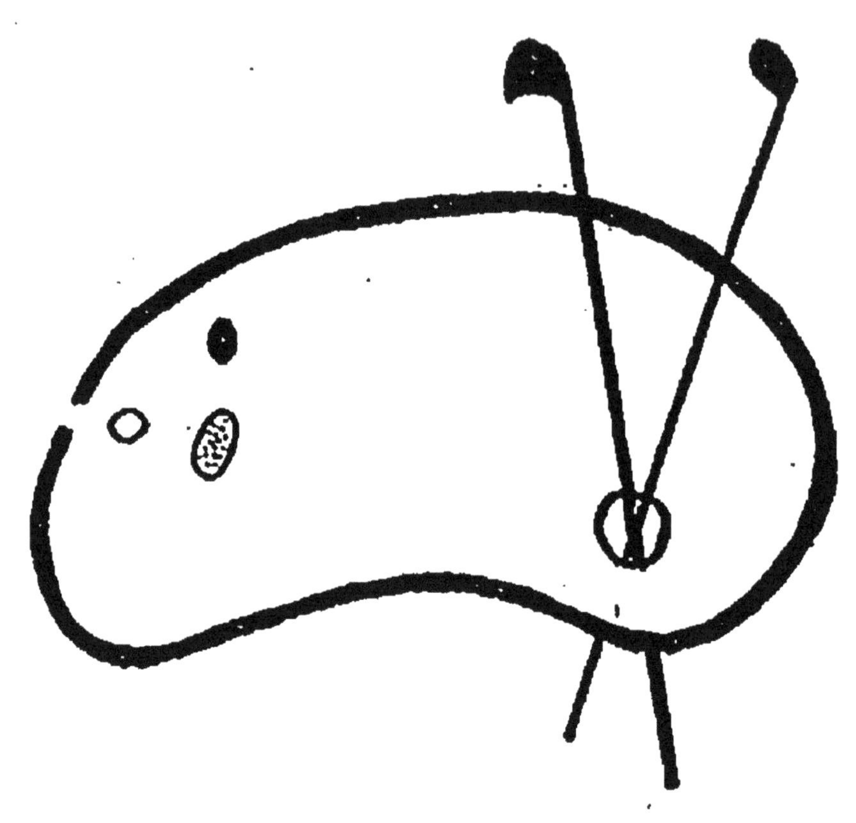

FIN D'UNE SERIE DE DOCUMENTS
EN COULEUR

ÉLÉMENTS

DE

IT PUBLIC ET DE DROIT CIVIL

OUVRAGES DE M. RENÉ FOIGNET.

Des gains conventionnels de survie entre époux, en droit romain, dans l'ancien droit français et dans le droit français actuel (ouvrage couronné par la faculté de droit de Toulouse) 1887 épuisé.

Manuel élémentaire de droit administratif, conforme aux nouveaux programmes (2e édition). Arthur Rousseau, éditeur, 1895 . . . . 6 fr.

Manuel élémentaire de droit constitutionnel, à l'usage des étudiants en droit de première année. Arthur Rousseau, éditeur, 1895. 3 fr. 50

Manuel élémentaire de droit international public à l'usage des étudiants en droit et des candidats aux carrières diplomatique et consulaire (2e édition), Arthur Rousseau, éditeur, 1895 . . . . 6 fr.

Examen critique d'une proposition de loi de M. Edouard Le Roy tendant à combattre la dépopulation . . 1 fr.

Voici rapidement résumées ses principales dispositions :

1. — Tout Français doit le service militaire personnel. L'obligation du service militaire est égale pour tous.

Dès lors, plus de remplacement permettant à un jeune homme riche d'en mettre un autre à sa place moyennant le paiement d'une prime.

Plus de volontariat d'un an, sous l'empire duquel, grâce à la production d'un diplôme de bachelier, ou en passant un examen spécial, certains jeunes gens ne faisaient qu'une année de service à condition de verser une somme de 1,500 fr. dans les caisses de l'État.

Plus de privilège au profit des séminaristes, ni des fonctionnaires de l'enseignement.

2. — Cependant, le principe de l'égalité de tous devant la loi militaire subit deux restrictions au profit des exemptés et des dispensés.

Les exemptés sont ceux que le conseil de révision a considérés comme impropres au service militaire, en raison d'infirmités, d'insuffisance de taille ou de complexion délicate. Ils n'ont pas à faire de service.

Les dispensés sont ceux dont la loi permet le renvoi dans les foyers, au bout d'un an de service, soit pour des raisons d'humanité, comme soutiens effectifs de famille, soit dans l'intérêt supérieur des études, pour leur faciliter l'obtention des diplômes en vue desquels ils travaillent.

3. — Il est bon d'ajouter que cette inégalité est rétablie par le paiement d'une lourde contribution pécuniaire que la loi met à la charge de tous ceux, exemptés, ajournés, dispensés, qui n'ont pas accompli le temps normal de service dans l'armée active, nous voulons parler de la taxe militaire.

4. — L'opération même du recrutement est ainsi organisée : Tous les ans, dans le courant du mois de janvier, les jeunes gens ayant atteint l'âge de vingt ans révolus dans l'année précédente, tirent au sort un numéro, au chef-lieu de canton de la commune où ils sont domiciliés (1).

(1) Ce tirage au sort a encore une certaine utilité au cas où le ministre de la guerre use de la faculté que lui laisse l'article 39 de

Au mois de mai suivant, ces mêmes jeunes gens, subissent un examen physique devant le conseil de révision, qui statue sur les causes d'ajournement, d'exemption ou de dispense qu'ils ont à faire valoir.

Et c'est dans les premiers jours de novembre que la classe, ainsi composée, est incorporée sous les drapeaux.

5. — Les bases du service sont les suivantes :

On reste trois ans, dans l'armée active ;

Sept ans, dans la réserve de l'armée active ;

Six ans, dans l'armée territoriale ;

Neuf ans, dans la réserve de l'armée territoriale.

RÉSUMÉ 2. — Droits garantis aux Citoyens.

- **I. Egalité civile.**
  - La loi est la même pour tous, sans distinction d'origine ni de fortune.
  - Elle ne doit pas être confondue avec l'*égalité des conditions*, pure chimère.
- **II. Liberté.**
  - *Définition.* — Faculté qui appartient à l'homme de faire tout ce qui ne nuit pas à autrui.
  - **1° L. matérielles.**
    - *a. L. individuelle.* — Faculté pour tout homme d'aller, de rester, de partir, sans pouvoir en être empêché par personne.
    - *b. L. du travail.*
      - Nul genre de travail, de commerce, de culture ne peut être interdit.
      - Exceptions.
        - 1° Monopoles de l'État.
        - 2° Brevets d'invention.

la loi de 1889 de renvoyer dans leur foyer une portion du contingent. Ce sont les hommes ayant amené les plus forts numéros, lors du tirage au sort, qui bénéficient de cette faveur.

- **II. Liberté.** *(suite.)*
  - **2° L. intellectuelles.**
    - *a. L. de conscience.*
      - Faculté de croire ou de ne pas croire les dogmes d'une religion.
      - Ne pas la confondre avec la *L. du culte.*
    - *b. L. de réunion.*
      - La *réunion* est le rapprochement accidentel et momentané de plusieurs personnes.
      - La réunion est libre depuis la loi du 30 juin 1881.
    - *c. L. d'association.*
      - L'*association* est le concours permanent d'un certain nombre d'individus en vue d'atteindre un but commun.
      - L'association de plus de vingt personnes a besoin d'une autorisation.
    - *d. L. de la presse.*
      - Etablie par la loi du 29 juillet 1881.
      - Plus d'autorisation préalable, ni de cautionnement, ni de censure pour les journaux.
- **III. Vote de l'Impôt.**
  - Librement consenti par la nation dans la loi annuelle du budget votée par ses représentants aux Chambres législatives.

Comme *devoir corrélatif* à ces droits, le *service militaire* : obligation personnelle égale pour tous, sauf certains cas de dispense établis dans un intérêt général (Loi du 15 juillet 1889).

SECTION II. — Les Pouvoirs publics.

Les lois constitutionnelles de 1875. — Les lois qui forment ce qu'on est convenu d'appeler la *Constitution de 1875* sont au nombre de trois :

1° La loi du 25 février 1875, sur l'organisation des pouvoirs publics;

2° La loi du 24 février 1875, sur l'organisation du Sénat;

3° La loi du 16 juillet 1875, sur les rapports des pouvoirs publics.

Nous verrons, un peu plus loin, que la deuxième de ces lois a subi une révision en 1884, et que la plupart de ses dispositions ont été abrogées.

Le pouvoir législatif et le pouvoir exécutif : comment et pourquoi ils sont séparés. — Avant 1789, tous les pouvoirs dans l'Etat se trouvaient réunis entre les mains du roi :

Le pouvoir législatif, ou pouvoir de faire les lois;

Le pouvoir exécutif, ou pouvoir d'en assurer l'exécution;

Et le pouvoir judiciaire, ou pouvoir de trancher les conflits d'intérêts naissant entre les particuliers.

Depuis 1789, un principe différent a été posé et est devenu l'une des bases du droit public moderne, le principe de la *séparation des pouvoirs*, formulé par Montesquieu dans son *Esprit des lois*, au sujet de l'étude de la Constitution d'Angleterre (1).

D'après cette règle nouvelle, les divers pouvoirs de l'Etat doivent se trouver répartis entre plusieurs autorités indépendantes les unes des autres.

Celui qui fait la loi ne doit pas en même temps être chargé d'en assurer l'exécution, et, réciproquement, celui qui est investi du pouvoir exécutif ne doit pas avoir qualité pour faire lui-même la loi.

Nous le verrons, dans notre constitution actuelle, le pouvoir exécutif appartient au Président de la République, le pouvoir législatif aux Chambres.

Lorsque les Chambres ont voté une loi, le Président de la République ne peut pas la modifier, ni l'abroger; il est tenu de la faire exécuter par tous les Français.

Voilà comment le pouvoir législatif et le pouvoir exécutif se trouvent séparés.

(1) *Esprit des lois*, L. XI, ch. VI.

Cette séparation est indispensable pour garantir aux citoyens l'exercice des droits individuels qui leur appartiennent. En effet, si celui qui a le pouvoir exécutif, c'est-à-dire qui commande à la force armée, et qui dispose de tous les moyens d'action, dans l'intérieur de l'État, a le pouvoir de faire les lois, son autorité ne connaît plus de bornes, puisqu'il peut lever les obstacles que les lois existantes apportent à sa puissance, et alors, on se trouve en présence d'un gouvernement absolu. C'est le régime de la tyrannie et du bon plaisir, au profit d'un monarque souverain, si le pouvoir est aux mains d'un seul, comme sous notre ancien régime, ou le régime de la terreur, plus redoutable encore peut-être, si l'autorité souveraine réside dans une assemblée politique, comme sous la Convention nationale.

CHAPITRE PREMIER. — DU POUVOIR LÉGISLATIF.

Le Sénat et la Chambre des députés. — D'après la Constitution de 1875, le pouvoir législatif s'exerce par deux assemblées : la Chambre des députés et le Sénat. Cette dualité de Chambres législatives, qui existe actuellement dans la plupart des États européens, a été empruntée aux institutions anglaises, dans lesquelles le parlement, depuis une époque très ancienne, se trouve composé, de la Chambre des lords et de la Chambre des communes. Nous allons faire connaître rapidement :

1° L'organisation ;

2° Les attributions de la Chambre des députés et du Sénat.

§ Ier. — Organisation.

Ce paragraphe sera divisé à son tour en trois parties :

1° Règles particulières à la Chambre des députés ;

2° Règles particulières au Sénat ;

3° Règles communes à la Chambre et au Sénat.

1° Règles particulières à la Chambre des députés. — *Nombre de députés.* — Il y a un député par arrondissement administratif, et par arrondissement municipal, dans les villes de Paris et de Lyon ; il y a, en outre, dans les arrondissements comprenant plus de 100.000 habitants, un député en plus par 100.000 habitants ou fraction de 100.000 (1).

Actuellement, le nombre des députés est de 581.

Mode de suffrage et de scrutin. — L'élection des députés est faite au suffrage universel, c'est-à-dire par tous les Français mâles, âgés de 21 ans, inscrits sur une liste électorale.

L'élection a lieu au scrutin uninominal par arrondissement ; cela veut dire que chaque citoyen ne peut voter que pour un seul député, dans l'arrondissement où il est incrit comme électeur (2).

Durée du mandat. — Les députés sont élus pour quatre ans : au bout de ce temps, la Chambre se renouvelle intégralement.

Conditions d'éligibilité. — Tout électeur peut être nommé député, à l'âge de 25 ans accomplis (3), pourvu qu'il justifie avoir satisfait à la loi sur le recrutement (4).

Interdiction des candidatures multiples. — Tout candidat qui se présente aux suffrages des électeurs doit faire une déclaration de candidature à la préfecture du département. Nul ne peut poser sa candidature dans plus d'une circonscription (5).

Opérations électorales. — Pour voter, les électeurs sont convoqués par décret du chef de l'Etat.

Le vote a toujours lieu un dimanche, au chef-lieu de chaque commune, de huit heures du matin à six heures du soir. Chaque section de vote est dirigée par un bureau composé d'un président, de quatre assesseurs et d'un secrétaire.

Majorité requise. — Pour être élu au premier tour de scrutin il faut réunir :

(1) Loi du 13 février 1889.

(2) Le scrutin d'arrondissement a été rétabli par la loi du 13 février 1889. De 1885 à 1889 avait fonctionné un mode de scrutin différent, le *scrutin de liste* par département, d'après lequel dans chaque département, chaque électeur avait à voter pour tous les députés affectés au département.

(3) Loi du 30 novembre 1875, art. 6.

(4) Loi du 16 août 1893.

(5) Loi du 17 juillet 1889.

1° La majorité absolue des suffrages exprimés, c'est-à-dire la moitié plus un ;

2° Un nombre de suffrages égal au quart des électeurs inscrits.

Scrutin de ballottage. — Si aucun des candidats n'a obtenu la majorité requise, il est procédé à un second tour de scrutin, dit scrutin de ballottage, qui a lieu le deuxième dimanche suivant la proclamation du premier résultat.

Au second tour, la majorité relative suffit.

Dissolution possible de la Chambre. — La Chambre des députés peut être dissoute par le chef de l'État. Sur un avis conforme du Sénat. Il est procédé alors à de nouvelles élections dans un délai de deux mois. Le pouvoir exécutif n'a usé, depuis 1875, qu'une fois de cette prérogative. Sur avis conforme du Sénat, le maréchal de Mac-Mahon prononça la dissolution de la Chambre, le 19 juin 1877.

2° **Règles particulières au Sénat.** — *Historique.* — *Constitutio de* 1875. — *Révision de* 1884. — D'après la loi constitutionnelle du 24 février 1875, le Sénat comprenait 300 membres :

Dont 75 inamovibles, élus par le Sénat lui-même ; et 225, élus pour 9 ans par les départements.

La Constitution de 1875 a été revisée sur ce point, en 1884 ; la loi du 24 février 1875, dans ses articles 1 à 7 relatifs au Sénat, a été remplacée par une *loi ordinaire*, actuellement en vigueur, la loi du 9 décembre 1884, dont nous allons faire connaître les principales dispositions.

Nombre des sénateurs. — Les sénateurs sont au nombre de 300, tous nommés, à l'avenir, par les départements.

Quant aux 75 sièges d'inamovibles supprimés, la loi les a attribués à un certain nombre de départements, qui ont à élire leurs nouveaux représentants à la Chambre haute, au fur et à mesure des extinctions.

Mode de suffrage et de scrutin. — Le suffrage universel n'est pas appliqué à l'élection des sénateurs. Ils sont élus, dans chaque département, par un collège électoral comprenant :

1° Les députés ;

2° Les conseillers généraux ;

3° Les conseillers d'arrondissement ;

4° Un certain nombre de délégués élus par le conseil municipal de chaque commune.

Le nombre des délégués qui, en 1875, était fixé à 1 pour toutes les communes, sans distinction, a été proportionné, par la loi de 1884, au nombre de conseillers municipaux existant dans la commune. Il varie de 1 à 24, et à Paris, il est de 30.

Lorsqu'il y a plusieurs sénateurs à élire dans un département, l'élection n'a pas lieu au scrutin uninominal comme pour les députés, mais au *scrutin de liste* pour tout le département : c'est-à-dire que c'est le même collège électoral, dont nous avons indiqué ci-dessus la composition, qui fait l'élection à tous les sièges vacants.

Durée du mandat. — Les sénateurs sont élus pour neuf ans, et non pour quatre ans, comme les députés.

Il n'y a jamais renouvellement intégral du Sénat : les 300 sièges dont il se compose sont répartis en 3 séries, et tous les trois ans, suivant un roulement que le sort a fixé le 29 mars 1876, chaque série est soumise à la réélection. C'est un renouvellement par tiers, tous les 3 ans.

Conditions d'éligibilité. — Pour être sénateur, il faut être citoyen français, avoir 40 ans au moins, et justifier avoir satisfait à la loi sur le recrutement.

Opérations électorales. — Les collèges électoraux pour l'élection des sénateurs sont convoqués par décret.

Le vote a toujours lieu un dimanche, au chef-lieu du département, sous la direction d'un bureau composé d'un président, de quatre assesseurs et d'un secrétaire.

Il y a trois tours de scrutin dans la même journée :

Le premier de 8 heures à midi ;

Le deuxième de 2 heures à 4 heures.

A ces deux premiers tours, pour être élu, le candidat doit obtenir : la majorité absolue des suffrages exprimés, et un nombre de voix égal au quart des électeurs inscrits.

Le troisième tour a lieu de 6 heures à 8 heures.

A ce dernier tour, la majorité relative suffit.

3° **Règles communes à la Chambre et au Sénat.** — Ces règles sont relatives aux divers points suivants :

I. *Inéligibilités et incompatibilité.* — L'inéligibilité est l'inaptitude à être élu, elle a pour conséquence la nullité de l'élection.

L'incompatibilité est l'*impossibilité légale* d'exercer à la fois une fonction publique et le mandat de député ou de sénateur : elle n'annule pas l'élection, mais place l'élu dans la nécessité de choisir entre son mandat et sa fonction.

Sont inéligibles au Sénat et à la Chambre, d'une façon absolue, les membres des familles ayant régné en France, les militaires ou marins en activité, et, pendant 10 ans, les étrangers naturalisés Français.

Sont inéligibles, d'une façon relative, dans le lieu où ils exercent leurs fonctions, un certain nombre de fonctionnaires énumérés par la loi (1) (préfets, sous-préfets, magistrats, etc).

Sont incompatibles avec le mandat législatif toutes les fonctions salariées par l'Etat, sauf quelques exceptions limitatives (premier président à la Cour de cassation, à la Cour des comptes ou à la Cour de Paris, etc.) (2).

II. *Siège des deux Chambres.* — Le siège des deux Chambres qui avait été fixé à Versailles, par la Constitution de 1875, a été transféré à Paris, à la suite d'une révision de la Constitution opérée en 1879 (3).

III. *Mise en activité des Chambres.* — Les Chambres sont mises en activité par décret du Président de la République, qui les convoque en session ou les ajourne.

Ce pouvoir du Président est limité : 1° il est obligé de laisser les deux Chambres en session ordinaire pendant 5 mois au moins ; 2° il ne peut les ajourner plus de deux fois dans la même session ; 3° le temps de chaque ajournement ne peut excéder un mois ; 4° la session ordinaire des Chambres a lieu

(1) Loi du 30 novembre 1875, art. 12. Loi du 2 août 1875, art. 21.
(2) Voir Loi du 30 novembre 1875, art. 8 et 9 et loi du 9-26 décembre 1887.
(3) L. c. du 21 juin 1879. Loi du 22 juillet 1879.

de plein droit, chaque année, le second mardi de janvier, à moins d'une convocation antérieure du Président.

En dehors de la session ordinaire, les Chambres peuvent être réunies en session extraordinaire.

IV. *Simultanéité des sessions des Chambres.* — Les sessions des Chambres sont simultanées. Cela signifie qu'une Chambre ne peut être en session, lorsque l'autre est ajournée. Mais, cela ne veut nullement dire que les séances des deux Chambres doivent se tenir aux mêmes jours et aux mêmes heures.

Par exception, le Sénat peut être réuni seul :

1° En cas de dissolution de la Chambre des députés, lorsque la présidence de la République devient vacante ; il surveille et contrôle les actes du pouvoir exécutif, qui est exercé dans l'intérim par le Conseil des ministres ;

2° Lorsqu'il fonctionne comme Haute Cour de justice.

V. *Bureaux des Chambres.* — Le terme « bureau » a deux acceptions différentes dans le langage parlementaire :

1° On entend par là d'abord le bureau de l'assemblée, comprenant le président, quatre vice-présidents, des questeurs et des secrétaires. Il est nommé chaque année dans chaque Chambre au début de la session ordinaire.

2° On entend aussi par là, les divisions des membres de chaque Chambre en un certain nombre de groupes, afin de faciliter le travail législatif.

La Chambre est divisée en 11 bureaux; le Sénat n'en comprend que 9. La répartition par bureaux a lieu par voie de tirage au sort au commencement de la séance d'ouverture, et renouvelée chaque mois.

C'est dans les bureaux que les projets de loi sont tout d'abord discutés: ils sont ensuite renvoyés à l'examen d'une commission nommée par les bureaux, à raison de 1, 2, 3 membres par bureau, suivant l'importance du projet.

VI. *Immunités parlementaires.* — On entend par immunités parlementaires un certain nombre de faveurs faites par la loi aux membres des deux Chambres pour leur assurer une indépendance absolue dans l'exercice de leurs fonctions.

Ces immunités sont les suivantes :

1° Un député ou un sénateur ne peut être poursuivi pour les opinions ou les votes émis par lui dans l'exercice de ses fonctions.

2° Tant que dure une session, un député ou un sénateur ne peut être arrêté ni poursuivi devant une cour d'assises ou un tribunal correctionnel pour crimes ou délits quelconques qu'il a pu commettre, même en dehors de ses fonctions, sans une autorisation formelle de la Chambre dont il fait partie.

Il n'y a d'exception que pour le cas où il est pris en flagrant délit. Cette faveur s'appelle quelquefois, dans le langage vulgaire, l'*inviolabilité des membres du Parlement.*

3° La Chambre ou le Sénat peut faire cesser, pendant la durée de la session, la détention ou la poursuite d'un de ses membres.

4° Il appartient à chaque Chambre de vérifier le pouvoir de ses membres, en validant ou en invalidant leur élection. C'est elle seule qui peut prononcer leur déchéance pour condamnation emportant inéligibilité.

§ 2. — Attributions.

Ce paragraphe sera divisé en trois parties comme le précédent :

1° Attributions communes de la Chambre des députés et du Sénat ;

2° Attributions spéciales de la Chambre des députés ;

3° Attributions spéciales du Sénat.

1° Attributions communes de la Chambre des députés et du Sénat. — Les attributions communes de la Chambre des députés et du Sénat sont les suivantes :

I. Confectionner les lois ;

II. Former par leur réunion en une seule assemblée, un pouvoir constituant ;

III. Exercer un contrôle sur les actes des Ministres.

I. *Confectionner les lois.* — C'est la mission essentielle des Chambres.

L'initiative d'une loi peut être prise, soit par le Président de la République, soit par l'un des membres du Sénat ou de la

Chambre. Dans le premier cas, il y a *projet de loi*, dans le second cas, il y a *proposition de loi.*

Le projet ou la proposition de loi est d'abord étudié en commission, puis discuté en séance publique. Une fois voté par la première assemblée saisie, il passe à l'autre assemblée qui l'examine dans les mêmes conditions. Si cette dernière adopte le texte de loi, sans rien y changer, la loi est faite. Le chef du pouvoir exécutif doit la promulguer et la faire exécuter.

Les lois de finances, c'est-à-dire celles qui établissent par l'État, soit une recette, soit une dépense, doivent être soumises d'abord à la Chambre des députés, et votées par elle, avant d'être soumises au Sénat. La plus importante de ces lois est le *budget* de l'Etat, voté chaque année.

II. *Pouvoir constituant.* — Réunis ensemble, le Sénat et la Chambre forment l'Assemblée nationale constituante, qui a pouvoir :

1° Pour reviser les lois constitutionnelles ;

2° Pour élire le Président de la République.

III. *Pouvoir de contrôle à l'égard des Ministres.* — Nous verrons plus loin que les Ministres sont responsables, au point de vue politique, devant l'une et l'autre Chambres. Il résulte de là, pour chacune d'elles, un pouvoir de contrôle sur chacun de leurs actes. Ce contrôle s'exerce par voie de questions ou d'interpellations.

La *question* est une simple demande de renseignement qu'un député ou un sénateur adresse à un ministre, le questionneur et le ministre seuls ont droit de parler et il n'y a pas de vote.

L'*interpellation*, au contraire, est un acte par lequel un député ou un sénateur provoque, dans l'assemblée dont il fait partie, un débat solennel sur un acte du gouvernement. Tous les membres peuvent prendre la parole ; et la discussion se termine par le vote d'un ordre du jour, qui peut consolider le ministère ou le renverser, suivant que c'est un ordre de jour approuvant la conduite des ministres visés par l'interpellation, ou que l'ordre du jour exprime la défiance du Parlement.

2° Attributions spéciales de la Chambre des députés. — Elles sont au nombre de deux :

1° Elle exerce un droit de priorité pour l'examen des lois de finances, ainsi que nous l'avons dit plus haut ;

2° Elle met en accusation devant le Sénat, le Président de la République et les Ministres.

3° Attributions spéciales du Sénat. — Le Sénat a deux attributions propres :

1° Il donne son avis au Président de la République sur la dissolution de la Chambre ;

2° Il peut être érigé en haute Cour de justice pour juger :

1° Le Président de la République, dans les cas où il est responsable ;

2° Les Ministres, pour crimes commis dans l'exercice de leurs fonctions ;

3° Toute personne prévenue de crime commis contre la sûreté de l'Etat.

RÉSUMÉ 3. — Les Pouvoirs Publics
(*Législatif et Exécutif*).

Les lois constitutionnelles de 1875.	1° L. du 24 février 1875 : Organisation du Sénat. 2° L. du 25 février 1875 : — des pouvoirs publics. 3° L. du 16 juillet 1875 : Rapports des pouvoirs publics.	
Séparation du P. législatif et du P. exécutif.	*Comment ?*	Le pouvoir de faire des lois appartient aux Chambres. Le pouvoir de les exécuter au Président de la République.
	Pourquoi ?	Parce que leur réunion en une seule main compromettrait les libertés publiques.

POUVOIR LÉGISLATIF.

- **I. Organisation des Chambres.**
  - 1° *Chambre des députés.*
    - a. *Nombre de membres* : 1 par arrondissement, plus 1 par 100.000 habitants ou fraction de 100.000
    - b. *Mode d'élection* : Suffrage universel. Scrutin d'arrondissement.
    - c. *Interdiction* des candidatures multiples.
    - d. *Eligibilité* : Français, 25 ans, ayant satisfait à la loi militaire.
  - 2° *Sénat.*
    - a. *Nombre* : 300 élus pour les départements.
    - b. *Mode d'élection* : Suffrage restreint. Scrutin de liste.
    - c. *Collège électoral* : Députés, conseillers généraux, d'arrondissement, et 1 ou plusieurs délégués des conseils municipaux.
    - d. *Eligibilité* : Français, 40 ans, ayant satisfait à la loi militaire.
  - 3° *Règles communes aux 2 Chambres.*
    - a. *Siège* des 2 Chambres : Paris.
    - b. *Simultanéité* des sessions.
    - c. *Bureaux* des Chambres (9 membres au Sénat, 11 à la Chambre).
    - d. *Immunités parlementaires.*
- **II. Attributions des Chambres.**
  - 1° *Communes.*
    - a. *Confection des Lois.* Projets et propositions.
    - b. *Pouvoir constituant.* Les 2 Chambres réunies en Assemblée nationale.
    - c. *Pouvoir de contrôle* à l'égard des ministres : Questions et interpellations.
  - 2° *Spéciales à la Chambre.*
    - a. Droit de priorité pour les lois de finances.
    - b. Mise en accusation du Président de la République et des Ministres devant le Sénat.
  - 3° *Spéciales au Sénat.*
    - a. Avis sur la dissolution de la Chambre.
    - b. Haute Cour de justice.

CHAPITRE II. — DU POUVOIR EXÉCUTIF.

D'après la Constitution de 1875, le pouvoir exécutif appartient au Président de la République, qui l'exerce avec l'aide des Ministres.

Nous étudierons successivement :

1° Le Président de la République ;

2° Les Ministres.

I. — Le Président de la République.

a) **Nomination.** — Le Président de la République est élu par les deux Chambres réunies en Assemblée nationale, pour une période de sept ans. Il est rééligible.

Pour être élu président, aucune condition spéciale de capacité n'est exigée. Il suffit d'être citoyen français.

Les membres des familles qui ont régné en France sont inéligibles.

b) **Attributions.** — Les attributions du Président de la République sont les suivantes :

1° Il a le droit d'initiative, en matière législative, c'est-à-dire qu'il peut présenter des projets de loi au vote du parlement, ainsi que nous l'avons dit plus haut ;

2° Une fois la loi votée par les Chambres, il doit la promulguer, et il est chargé d'en assurer l'exécution ; à cet effet, il est investi du pouvoir réglementaire, c'est-à-dire du pouvoir de faire des décrets déterminant dans ses moindres détails l'application de la loi ;

3° Il dispose de la force armée ;

4° Il a le droit de faire grâce aux condamnés de tout ou partie de leur peine ;

5° Il nomme aux emplois civils et militaires ;

6° Il préside aux relations diplomatiques de la France avec les États étrangers ; il reçoit leurs ambassadeurs, il leur en envoie, il négocie et ratifie les traités.

7° Il a le droit de convoquer, d'ajourner les Chambres, et,

comme nous l'avons vu, de dissoudre la Chambre des députés avec l'assentiment du Sénat.

Le Président de la République ne communique avec les Chambres que par écrit, à l'aide de *messages* ; il ne peut pas assister aux séances et y prendre la parole.

c) **Responsabilité.** — Le Président est en principe, irresponsable pour tous les actes de sa fonction : il ne peut être poursuivi qu'en cas de crime de haute trahison.

Il est en outre responsable pour tous les crimes de droit commun qu'il pourrait commettre comme simple particulier (assassinat, meurtre, détournement, etc.).

Quand on se trouve dans un de ces cas exceptionnels, c'est la Chambre des députés qui peut seule le mettre en accusation, et il ne peut être jugé que par le Sénat érigé en Haute cour de justice.

II. — Les ministres.

a) **Nominations.** — Les ministres sont nommés et révoqués par le Président de la République. Il est d'usage que le Président désigne seulement le chef du Cabinet, et c'est ce dernier qui présente les collaborateurs qu'il a choisis à l'agrément du Président.

On entend par *Conseil des ministres*, la réunion des ministres sous la présidence du chef de l'État. Il y a certaines mesures que le Président ne peut prendre qu'après discussion au Conseil des ministres (nomination et révocation des conseillers d'État).

Le *Conseil de Cabinet* est la réunion des ministres sous la présidence du premier ministre.

b) **Attributions.** — Les ministres sont les agents supérieurs du pouvoir exécutif.

Bien qu'ils ne soient pas titulaires du pouvoir exécutif, ils en ont, peut-on dire, l'autorité réelle.

Ce sont eux qui préparent toutes les mesures qui forment l'objet des décrets présidentiels et les proposent à la signature du chef de l'État ; ils assument seuls la responsabilité des décrets, en les contresignant pour qu'ils aient force exécutoire ; ils impriment aux agents placés sous leurs ordres, et particulièrement aux préfets, la direction politique à suivre ; enfin, ils servent d'intermédiaires forcés entre le chef de l'État et les Chambres, dans lesquelles ils ont droit de siéger et de parler librement.

c) **Responsabilité.** — Les ministres sont responsables de leurs actes au point de vue pénal, civil, politique.

Pour ne parler que de la responsabilité politique, on peut dire qu'elle consiste dans la nécessité pour les ministres de se retirer devant un vote hostile d'une des deux Chambres.

Cette responsabilité est personnelle, quand le vote a été provoqué par l'acte individuel d'un ministre ; elle est solidaire, c'est-à-dire qu'elle engage le Cabinet tout entier, et qu'elle amène sa retraite collective, quand il s'agit d'un acte de politique générale.

RÉSUMÉ 4. — **Pouvoir exécutif.**

I. Président de la République.	1° *Nomination.*	Par les 2 Chambres réunies en Assemblée nationale. Pour 7 ans, rééligible indéfiniment.
	2° *Attributions.*	*a.* Droit d'initiative des lois ; *b.* Promulgue les lois; *c.* Dispose de la force armée ; *d.* Peut faire grâce aux condamnés ; *e.* Nomme aux emplois civils et militaires, etc.
	3° *Responsabilité.*	Seulement en cas de haute trahison.
II. Ministres.	1° *Nomination.*	Par le Président de la République.
	2° *Attributions.*	*a.* Ne sont pas titulaires du pouvoir exécutif. *b.* Préparent les décisions émanant du Président de la République. *c.* Contresignent les décrets.
	3° *Responsabilité politique.*	Se traduit par la nécessité de donner leur démission à la suite d'un vote hostile des Chambres.

SECTION III. — Organisation administrative.

Division du territoire en départements, arrondissements et communes. — Au point de vue administratif, la France est divisée en départements, — au nombre de 87, en y comprenant le territoire de Belfort, — les départements en arrondissements ; et les arrondissements (1) en communes.

La division de la France en départements a été l'œuvre de l'assemblée nationale (Décret du 22 décembre 1789). Elle substitua cette division à la division ancienne par *provinces*, pour assurer l'unité nationale et rendre plus facile l'établissement et le maintien du nouvel ordre de choses.

D'après le décret du 22 décembre 1789, le département était divisé en *districts*, le district en cantons et le canton en communes. Le district a été supprimé par la Constitution du 5 fructidor an III, mais il a été rétabli, sous le nom d'arrondissement par la loi fondamentale de notre organisation administrative du 28 pluviôse an VIII.

CHAPITRE PREMIER. — LE DÉPARTEMENT.

Caractère juridique du département. — Le département présente au point de vue juridique un triple caractère :

1° C'est une *circonscription territoriale*, et, à ce point de vue, c'est après l'Etat, la plus grande division qui existe en France, en matière administrative ;

2° C'est une *unité administrative*, c'est-à-dire qu'il constitue un centre complet d'administration pourvu d'un organisme qui se suffit à lui-même ;

(1) On pourrait ajouter les arrondissements en cantons, et les cantons en communes, mais le canton est plutôt une circonscription judiciaire déterminant le ressort des justices de paix, qu'une division administrative. Voilà pourquoi on peut le passer sous silence. Voir sur ce point notre « Manuel de droit administratif », p. 19.

3° C'est une *personne morale*, c'est-à-dire que bien qu'il n'ait pas une existence physique, juridiquement il est considéré comme un être fictif ayant des droits analogues à ceux d'une personne existant réellement : il est propriétaire, créancier, débiteur, il peut soutenir des procès, comme demandeur ou comme défendeur.

Administration du département. — Le département est administré par le préfet auprès duquel est placée une assemblée délibérante et consultative, le Conseil général.

Au préfet appartient la puissance exécutive dans le département ; au Conseil général, est confiée la mission de délibérer sur la gestion des affaires du département.

Ce système d'administration consistant à placer à la tête de chaque unité administrative, un agent unique, chargé de l'action administrative et un conseil délibérant, chargé d'arrêter les décisions à prendre, remonte à la loi fondamentale du 28 pluviôse de l'an VIII; nous le trouverons appliqué à l'arrondissement et à la commune.

§ I. — Le Préfet.

I. Organisation. — Le préfet forme le troisième degré de la hiérarchie administrative. Il est placé immédiatement au-dessous des ministres, il communique avec chacun d'eux pour les affaires qui concernent leur département ministériel. Mais son supérieur hiérarchique, celui dont il dépend d'une façon plus directe, c'est le Ministre de l'Intérieur.

C'est sur sa proposition que le préfet est nommé et révoqué par décret du Président de la République.

Aucune condition spéciale, ni d'âge ni de capacité, n'est exigée pour être préfet, il suffit d'être citoyen français.

II. Attributions. — Le préfet a une double qualité :

1° Il est le représentant du pouvoir exécutif dans le département ;

2° Il est le représentant du département.

1° *Comme représentant du pouvoir exécutif*, le préfet est chargé de veiller à l'application et à l'exécution de la loi dans l'étendue du département ; il sert d'intermédiaire forcé entre les particuliers et le pouvoir central pour les réclamations qu'ils lui adressent ; il doit soutenir l'action politique du gouvernement, suivant les instructions qu'il reçoit : il a qualité pour prescrire certaines mesures d'intérêt général, par exemple, l'internement d'un aliéné dans un asile ; pour donner des autorisations, telles que les autorisations de bâtir en bordure des routes nationales et départementales, l'autorisation d'ouvrir un établissement industriel considéré comme dangereux ou insalubre. Il exerce sur l'administration des communes, un pouvoir de contrôle, qui se manifeste par le droit d'approuver, de suspendre et même d'annuler les délibérations des conseils municipaux, d'autoriser certains arrêtés du maire, de suspendre le maire de ses fonctions, et de demander sa révocation.

Enfin, il passe des contrats au nom de l'État : baux, vente, achat, et le représente en justice dans les procès qu'il peut avoir à soutenir.

2° *Comme représentant du département*, le rôle du préfet consiste : 1° à instruire les affaires qui intéressent le département et à en préparer la solution qu'il propose au Conseil général ; 2° à exécuter les délibérations du Conseil général.

C'est en cette qualité qu'il dresse chaque année le budget du département, qui est voté par le Conseil général, à sa session d'août ; qu'il accepte au nom du département des dons et des legs ; passe des baux, procède à des aliénations ou à des acquisitions, et exerce des actions en justice.

III. **Arrêtés préfectoraux.** — Les arrêtés rendus par le préfet, ou *arrêtés préfectoraux*, sont de deux sortes : les uns généraux ou réglementaires ; les autres spéciaux ou individuels.

Les arrêtés *généraux ou réglementaires* sont ceux par lesquels le préfet prescrit des mesures d'intérêt général pour le département. Le préfet a le pouvoir réglementaire, dans toute l'étendue du département, comme le Président de la République, pour toute l'étendue du territoire de l'État.

Exemple d'un arrêté général ou réglementaire. — Arrêté par lequel un préfet interdit l'organisation de courses de taureaux avec mise à mort des animaux.

Les arrêtés *spéciaux* ou *individuels* sont relatifs à une personne ou à un objet déterminé.

Exemple : les arrêtés portant nomination de fonctionnaires du département, ou accordant à un industriel l'autorisation d'ouvrir un établissement dangereux ou insalubre.

§ 2. — Du Conseil général.

Le Conseil général est une assemblée délibérante, placée à côté du préfet, pour arrêter, sur sa proposition, toutes les mesures relatives à la gestion des affaires du département.

Il est régi par la loi du 10 août 1871.

I. **Organisation.** — *Composition.* — Le Conseil général se compose d'autant de membres qu'il y a de cantons dans le département. Chaque canton élit un conseiller.

L'élection est faite au suffrage universel.

Conditions d'éligibilité. — Pour être éligible au Conseil général, il faut :

1° Être citoyen français ;

2° Avoir 25 ans accomplis ;

3° Être inscrit sur une liste d'électeurs ou justifier qu'on devait y être inscrit avant le jour de l'élection ;

4° Être domicilié dans le département, ou être inscrit au rôle d'une des contributions directes, au 1er janvier de l'année dans laquelle se fait l'élection, ou justifier qu'on devait y être inscrit à ce jour, ou avoir hérité depuis la même époque d'une propriété foncière dans le département.

Toutefois le nombre des conseillers généraux non domiciliés ne pourra dépasser le quart du nombre total dont le Conseil doit être composé.

Durée du mandat. — Les conseillers généraux sont élus pour 6 ans : ils sont renouvelés par moitié tous les trois ans et indéfiniment rééligibles.

Organisation des sessions. — Le Conseil général a deux sessions ordinaires par an : l'une a lieu, de plein droit, le premier lundi qui suit le 15 août. C'est la session la plus importante, celle où est voté le budget du département, et où est nommée la *Commission départementale*. Elle ne peut être retardée que par une loi.

L'autre session a lieu de plein droit le second lundi qui suit Pâques.

En dehors de ces deux sessions normales et périodiques, le Conseil général peut être réuni en session extraordinaire : 1° par décret du Président de la République ;

2° sur la demande des deux tiers des membres du Conseil.

Séance. Bureau. — Les séances du Conseil général sont publiques.

Il a un bureau composé d'un président, d'un ou de plusieurs vice-présidents et de secrétaires. Ce bureau est élu par le Conseil parmi ses membres.

II. **Attributions.** — Les attributions du Conseil général consistent :

1° A rendre des délibérations ;

2° A donner des avis ;

3° A émettre des vœux et des réclamations.

1° *Délibérations.* — Les délibérations du Conseil général peuvent être étudiées à deux points de vue ; d'abord, au point de vue de leur objet ; puis, au point de vue de la force exécutoire dont elles sont revêtues.

Au point de vue de leur objet, on peut dire que les délibérations du Conseil général concernent principalement la gestion des affaires départementales : par exemple, l'acceptation des dons et legs, les baux, les aliénations et acquisitions, le budget du département, etc.

Cependant, en matière d'impôts directs, le Conseil général est investi d'une attribution touchant plutôt à l'intérêt général qu'à un intérêt purement départemental : Il est appelé à répartir les impôts directs entre les arrondissements et à statuer sur les demandes en réduction de la part qui leur est afférente, formées par les arrondissements ou par les communes.

Au point de vue de leur force exécutoire, il y a d'abord des délibérations qui ne sont exécutoires qu'après avoir été approuvées par l'autorité supérieure. Ces délibérations sont très peu nombreuses. On peut citer, comme exemple, celle par laquelle le Conseil général autorise le préfet à accepter un don ou un legs au nom du département, elle n'est exécutoire que si elle a été approuvée par un décret du Président de la République, lorsqu'il y a réclamation de la part de la famille.

Certaines délibérations sont exécutoires sans autorisation, mais elles peuvent être annulées par décret du chef de l'Etat, lorsqu'elles sont entachées d'excès de pouvoir ou de violation de la loi.

Exemple : délibérations relatives aux acquisitions, aliénations et échanges de propriétés départementales, non affectées à un service public, aux baux des biens donnés ou pris à ferme, etc.

Enfin il y a des délibérations qui sont également exécutoires, sans autorisation, mais dont l'effet peut être suspendu par un décret du Président de la République, alors même qu'il n'y a ni excès de pouvoir, ni violation de la loi.

Exemple : délibérations relatives aux acquisitions, aliénations et échanges de propriétés départementales affectées à des services publics (hôtels de préfecture, sous-préfecture etc.).

2° *Avis.* — Un avis est une sorte de Conseil qu'une assemblée donne à l'administration au sujet d'une affaire sur laquelle elle a été consultée.

Tantôt le préfet est obligé de prendre l'avis du Conseil général avant d'agir, tantôt il peut prendre son avis, sans y être obligé par la loi.

Dans l'un comme dans l'autre cas, le préfet n'est jamais tenu de suivre l'avis qui lui a été donné.

3° *Réclamations et vœux.* — Le Conseil général peut adresser au Ministre compétent des réclamations sur l'administration du département.

Il peut émettre des vœux sur des questions économiques ou d'intérêt général, mais non sur des questions politiques.

Commission départementale. — La Commission départementale est une commission, composée de quatre à sept membres, élus par le Conseil général dans son sein, et qui fonctionne d'une façon continue dans l'intervalle des sessions ordinaires du Conseil général.

Elle exerce un contrôle de tous les instants sur la gestion financière du préfet; elle prépare la solution des affaires soumises au Conseil général; elle peut même prendre de véritables délibérations, susceptibles d'être ramenées à exécution, tantôt par suite d'une délégation du Conseil général, tantôt en vertu d'un pouvoir propre qui lui est conféré directement par la loi.

Pour ne citer qu'un exemple de ces délibérations, c'est la Commission départementale qui statue sur l'ouverture, le redressement, la reconnaissance et le classement des chemins vicinaux ordinaires.

RÉSUMÉ 5. — Organisation administrative.

Division du territoire en *départements*, *arrondissements* et *communes*.

LE DÉPARTEMENT.

I. Caractère juridique.	1° Circonscription territoriale ; 2° Unité administrative ; 3° Personne morale.	
II. Du Préfet.	1° *Organisation.*	Nommé et révoqué par le Président de la République. Placé plus directement sous l'autorité du Ministre de l'Intérieur.
	2° *Attributions.*	*a.* Représentant du pouvoir exécutif (qualité dominante). *b.* Représentant de la personnalité juridique du département.
	3° *Arrêtés préfectoraux.*	*a. Généraux* ou *réglementaires.* Mesures d'intérêt général. *b. Spéciaux* ou *individuels*, relatifs à un objet ou à une personne déterminée.

III. Du conseil général.

- 1° *Organisation.*
  - a. *Composition* : 1 membre par canton.
  - b. *Élection* au suffrage universel.
  - c. *Éligibilité* : Français, 25 ans, inscrit sur une liste électorale ; Domicilié, en principe, dans le département.
  - d. *Durée du mandat* : 6 ans ; renouvellement par moitié tous les 3 ans.
  - e. *Sessions* :
    - deux ordinaires : 1° le premier lundi qui suit le 15 août.
    - 2° le second lundi qui suit Pâques.
    - Des sessions extraordinaires.
- 2° *Attributions.*
  - a. *Délibérations.*
    - relatives à la gestion des affaires départementales ;
    - répartition des impôts au 2e degré, entre les arrondissements.
  - b. *Avis.*
    - tantôt facultatifs.
    - — obligatoires.
  - c. *Réclamations et vœux.* — Vœux politiques interdits.
- 3° *Commission départementale* : formée au sein du Conseil général pour le suppléer dans l'intervalle des sessions.

CHAPITRE II. — L'ARRONDISSEMENT.

Caractère juridique de l'arrondissement. — L'arrondissement est, comme le département, une circonscription territoriale.

Comme lui, c'est une unité administrative, puisqu'il a une organisation propre (Sauf controverse).

Mais ce n'est pas une personne morale : il ne peut être ni propriétaire, ni débiteur, ni créancier ; il n'y a pas de budget de l'arrondissement, comme il y a un budget du département ou de la commune.

Administration de l'arrondissement. — Comme dans le département, nous trouvons à la tête de l'arrondissement, un agent unique, chargé de la puissance exécutrice, et à côté, un Conseil délibérant, le Conseil d'arrondissement.

§ 1er. — Le sous-préfet.

I. **Organisation.** — Il y a un sous-préfet dans chaque arrondissement, sauf dans l'arrondissement, chef-lieu du département, pour lequel le préfet remplit en même temps les fonctions de sous-préfet.

Le sous-préfet est nommé et révoqué, comme le préfet, par le chef de l'Etat.

Aucune condition de capacité n'est requise. Il suffit également d'être citoyen français.

II. **Attributions.** — En principe, le sous-préfet n'est qu'un agent de transmission, un intermédiaire entre le préfet et le maire.

Par exception, dans certains cas, le sous-préfet peut faire acte d'administrateur et prendre des décisions :

1° Lorsque le préfet lui a délégué expressément ses pouvoirs ;

2° Lorsqu'il y a urgence à agir et qu'on ne peut attendre la délégation du préfet ;

3° Sur certaines matières déterminées par la loi.

Exemple : C'est le sous-préfet qui autorise les établissements industriels simplement incommodes.

§ 2. — Le Conseil d'arrondissement.

I. **Organisation.** — *Composition.* — Comme le Conseil général, le Conseil d'arrondissement se compose d'autant de membres qu'il y a de cantons dans l'arrondissement. Chaque canton élit un conseiller au suffrage universel.

Le nombre des membres du Conseil ne peut cependant être inférieur à 9. Lorsque le nombre des cantons existant dans l'arrondissement est inférieur à 9, un décret désigne les cantons qui auront à élire plusieurs conseillers pour atteindre ce nombre.

Conditions d'éligibilité. — Pour être élu au Conseil d'arrondissement, il suffit d'avoir 25 ans, de jouir de ses droits civils et politiques, et d'être domicilié dans l'arrondissement ou d'y payer une contribution directe.

On ne peut être à la fois conseiller dans deux arrondissements différents, ni à la fois conseiller général et conseiller d'arrondissement.

Durée du mandat. — Le Conseil d'arrondissement, comme le Conseil général, est élu pour 6 ans et renouvelable par moitié tous les 3 ans.

Sessions : — Le Conseil d'arrondissement n'a qu'une seule session ordinaire par an. Cette session est divisée en deux parties : l'une précède la session d'août du Conseil général, l'autre la suit. Nous verrons que cette division en deux parties s'explique par la nature des attributions de ce Conseil.

Le Conseil d'arrondissement peut, en outre, être réuni en sessions extraordinaires.

Bureau. Séances. — Le Conseil d'arrondissement a un bureau élu par lui dans son sein, et comprenant un président, des vice-présidents et des secrétaires.

A la différence des séances du Conseil général et du Conseil municipal, les séances du Conseil d'arrondissement ne sont pas publiques. Mais tout contribuable peut prendre communication des procès-verbaux des séances.

Le sous-préfet a le droit d'entrer aux séances du Conseil et d'y prendre la parole.

Suspension, dissolution. — Un Conseil d'arrondissement peut être suspendu par le préfet du département : il ne peut être dissous que par décret du Président de la République.

II. **Attributions.** — Comme le Conseil général, le Conseil d'arrondissement donne des avis à l'administration, émet des vœux, sur l'état et les besoins des divers services publics de l'arrondissement, et prend des délibérations.

Les délibérations du conseil d'arrondissement sont relatives à un seul objet : la répartition, au 3e degré, des contributions directes entre les communes de l'arrondissement.

Pour comprendre cette attribution, qui est la seule réellement importante du Conseil d'arrondissement, il faut connaître qu'il existe dans notre système fiscal deux sortes d'impôts directs : les impôts de répartition et les impôts de quotité que nous étudierons dans notre ouvrage consacré à l'*Économie politique*.

Voici comment opère le Conseil d'arrondissement :

Dans la 1re partie de sa session, il délibère sur les réclamations auxquelles donne lieu le contingent qui lui a été affecté, et sur les demandes en réduction de contingent formées par les communes de l'arrondissement.

Ces délibérations sont examinées, dans la session d'août, par le Conseil général qui peut les approuver ou les modifier.

Dans la 2e partie de sa session, le Conseil d'arrondissement, fait la répartition conformément aux décisions prises par le Conseil général.

RÉSUMÉ 6. — L'arrondissement.

I. Caractère juridique.	1° Circonscription territoriale ; 2° Unité administrative ; 3° N'est pas, comme le département, une personne morale.	
II. Du Sous-Préfet.	1° *Organisation.*	Nommé et révoqué par le Président de la République. Dépend directement du Préfet.
	2° *Attributions.*	*a*. En principe, agent de transmission entre le préfet et le maire. *b*. Pouvoir de prendre des décisions en certains cas.

III. Du conseil d'arrondissement.

- 1° *Organisation.*
  - a. *Composition* : 1 membre par canton, 9 au minimum.
  - b. *Élection* au suffrage universel.
  - c. *Éligibilité* : Français, 25 ans, inscrit sur une liste électorale ; Domicilié, en principe, dans l'arrondissement.
  - d. *Durée du mandat* : 6 ans, avec renouvellement par moitié tous les 3 ans.
  - e. *Session* : Une par an, divisée en deux parties, avant et après la session d'août du Conseil général.
- 2° *Attributions.*
  - a. *Délibérations* : Un seul objet : répartition des impôts au 3e degré entre les communes.
  - b. *Avis et vœux.*

CHAPITRE III. — LA COMMUNE.

Caractère juridique de la commune. — Comme le département, la commune est à la fois :

1° Une circonscription territoriale ;

2° Une unité administrative ;

3° Une personne morale.

Administration de la commune. — Comme dans le département et dans l'arrondissement, nous trouvons à la tête de la commune, un agent unique, le maire, ayant comme auxiliaires ou suppléants, un ou plusieurs adjoints ; et à côté du maire chargé de l'administration active, un Conseil ayant pour mission de prendre des décisions, le Conseil municipal.

La loi fondamentale de cette organisation est celle du 5 avril 1884.

§ 1. — Le maire.

1. **Organisation.** — Il y a dans chaque commune un maire et à côté de lui, pour l'aider dans son administration ou le suppléer en cas de besoin, un ou plusieurs adjoints. Le nombre des adjoints varie suivant la population de la commune : le chiffre maximum est 12, sauf à Lyon où il est de 17.

Désignation du maire et des adjoints. — Le maire et les

adjoints sont élus par le Conseil municipal. Ils doivent faire partie de ce Conseil.

Gratuité des fonctions. — Les fonctions du maire, des adjoints et des conseillers municipaux sont gratuites, sauf les indemnités que les communes peuvent voter aux maires sur leurs ressources ordinaires, pour frais de représentation.

Durée des fonctions. — Les maires et adjoints sont nommés pour la même durée que le Conseil municipal qui les a élus, c'est-à-dire, en principe, pour quatre ans.

Suspension et révocation. — Les maires ou adjoints peuvent être suspendus par arrêté du préfet pour un temps qui n'excède pas un mois, et qui peut être porté à trois mois par le Ministre de l'Intérieur.

Ils ne peuvent être révoqués que par décret du Président de la République.

Un maire ou un adjoint révoqué ne peut être réélu à ces mêmes fonctions pendant une année, à moins qu'avant l'expiration de l'année, il soit procédé au renouvellement général de tous les Conseils municipaux.

II. Attributions. — Le rôle du maire est considérable : il est l'agent et le représentant du pouvoir central dans la commune, comme le préfet est son agent et son représentant dans le département, le sous-préfet, dans l'arrondissement ; il est chargé d'administrer les intérêts de la commune considérée comme personne morale, ayant des biens, des créances et des dettes ; enfin, il est le premier magistrat de la commune, le *magistrat municipal*, et en cette qualité, il a des attributions d'ordre divers qui lui sont propres, qu'il tient directement de la loi, et qu'il exerce en son propre nom, et non comme délégué d'une autorité supérieure.

1° *Le maire, agent et représentant du pouvoir central.* — En cette première qualité, le maire est chargé :

De la publication et de l'exécution des lois et des règlements ;

De l'exécution des mesures de sûreté générale décidées par le gouvernement ou par le préfet ;

De certaines fonctions spéciales, telles que présider la commission chargée de réviser les listes électorales; publier les rôles des contributions rendus exécutoires par le préfet, etc.

Si le maire refusait ou négligeait de faire un de ces actes qui lui sont prescrits par la loi, le préfet pourrait, après l'avoir mis en demeure, y procéder d'office par lui-même ou par un délégué spécial.

2° *Le maire, représentant de la personnalité civile de la commune.* — En cette qualité, le maire est chargé de préparer le budget communal, qui doit être voté chaque année par le Conseil municipal; il passe des contrats avec des tiers dans l'intérêt de la commune; il accepte les dons et legs qui lui sont faits, et représente la commune en justice. Il agit en conformité des décisions prises par le Conseil municipal.

3° *Le maire, magistrat municipal.* — Comme magistrat municipal, le maire a des attributions variées dans l'ordre civil ou judiciaire et dans l'ordre administratif.

Dans l'*ordre civil ou judiciaire,* il est officier de l'état civil; en cette qualité, il reçoit les déclarations de naissance et de décès, il préside aux mariages, et de tous ces faits il dresse des actes inscrits sur des registres dont il a la garde; il est officier de police judiciaire, et comme tel, il aide le procureur de la République et le juge d'instruction dans la recherche des auteurs des crimes et des délits commis sur le territoire de la commune; il est aussi chargé de remplacer le commissaire de police, comme ministère public, devant le tribunal de simple police.

Dans l'*ordre administratif,* le maire est chargé de la police municipale, de la police rurale, et de la police de la voirie.

La police municipale a pour objet d'assurer le bon ordre, la sûreté et la salubrité publiques au sein de la commune.

La police rurale a pour objet d'assurer le bon ordre, la sûreté et la salubrité publiques dans les campagnes.

La police de la voirie a pour objet d'assurer la libre circulation sur les voies publiques, pour les piétons et les voitures, et de maintenir aux routes leur largeur légale, en délivrant des alignements aux propriétaires qui veulent construire en bordure des rues ou des routes, et en ordonnant la démolition des maisons menaçant ruine.

La police municipale, la police rurale, forment avec la police générale, dont nous avons parlé à propos du préfet, un ensemble qu'on désigne sous le nom de *police administrative* : elle ne doit pas être confondue avec la *police judiciaire*, dont le maire, nous l'avons dit, est un des officiers.

La police administrative a une *mission préventive* : elle tend, par la présence de ses agents, par les mesures d'ordre qu'elle prescrit, à empêcher, dans la limite du possible, que des infractions à la loi ne soient commises.

La police judiciaire a au contraire une mission répressive. Elle n'entre en jeu que quand un crime ou un délit a été commis, et son rôle consiste à constater cette infraction, à en rechercher les auteurs et à en assurer la punition par les tribunaux compétents.

III. **Actes du maire.** — *Arrêtés municipaux.* — Les arrêtés du maire sont de deux sortes, comme ceux du préfet :

1° Des arrêtés réglementaires ou généraux ;

2° Des arrêtés spéciaux ou individuels.

1° *Arrêtés réglementaires ou généraux.* — Ce sont ceux par lesquels le maire prend des mesures générales dans le but d'assurer l'exécution de la loi et des règlements de l'autorité supérieure, ou dans le but de pourvoir à l'ordre et à la tranquillité sur l'étendue de sa commune.

Exemples : arrêté prescrivant l'heure de fermeture des cafés et brasseries ; arrêté relatif à la circulation des voitures, des chevaux et des piétons sur la voie publique, soit en temps ordinaire, soit un jour de fête locale, etc.

Conciliation du pouvoir réglementaire du maire et du pouvoir réglementaire du préfet. — Le maire est investi du pouvoir réglementaire, pour l'étendue de la commune, comme le préfet, pour le département, et le Président de la République, pour le territoire de l'État.

On peut se demander comment le pouvoir de réglementer du maire se conçoit, pour la commune, étant donné que le préfet a déjà qualité pour faire des règlements applicables à tout le département. Ces deux pouvoirs se concilient de la façon suivante :

Le préfet ne peut prendre un arrêté valable que sous deux conditions :

1° Qu'il présente le caractère d'une mesure de sûreté générale et de sécurité publique (1);

2° Qu'il s'applique, soit à toutes les communes du département, soit, tout au moins, à plusieurs d'entre elles. Il ne peut faire un arrêté pour une seule commune du département, qu'après avoir mis le maire en demeure de le prendre, et sur le refus de celui-ci.

Le pouvoir réglementaire du maire s'exercera donc librement, soit pour assurer sur l'étendue de la commune l'exécution des arrêtés pris par le préfet pour tout le département, soit pour régler les matières spéciales, d'intérêt purement local, qui ne peuvent faire l'objet que d'un arrêté municipal.

Sanction des arrêtés. — Les arrêtés réglementaires du maire, comme ceux du préfet, sont sanctionnés par une amende de simple police établie par la loi contre les contrevenants. Mais si l'arrêté a été rendu d'une façon contraire à la loi, le juge de paix a le droit de refuser de prononcer l'amende.

2° *Arrêtés spéciaux ou individuels.* — Ce sont ceux qui sont relatifs à une personne ou à un objet déterminé.

Exemples : arrêté nommant un employé de la mairie ; arrêté autorisant un particulier à élever des constructions ou à faire des travaux à un mur de face, en bordure de la voie publique.

§ 2. — Le conseil municipal.

I. Organisation. — *Nombre des membres.* — Le conseil municipal comprend un nombre de membres déterminé par la loi en proportion du chiffre de la population : il varie de 10 à 36.

Dans les villes divisées en plusieurs mairies ou *arrondissements municipaux*, le nombre des conseillers est augmenté de

(1) Ainsi il ne pourrait pas prendre un arrêté fixant l'heure du balayage des rues ou le mode de transport des animaux de boucherie.

3 par mairie ou arrondissement. Ainsi, Lyon, qui est divisée en 6 arrondissements, a 54 conseillers municipaux.

Mode de scrutin. — En principe, le conseil municipal est élu par le suffrage universel direct, au *scrutin de liste*, c'est-à-dire que tous les électeurs de la commune sont appelés à voter pour tous les membres qui composent le conseil municipal.

Par exception, la commune peut être divisée en sections électorales, dont chacune élit un nombre de conseillers proportionné au chiffre des électeurs inscrits, dans deux cas :

1° Quand elle se compose de plusieurs agglomérations d'habitants distinctes et séparées.

2° Quand la population agglomérée de la commune est supérieure à 10.000 habitants.

Ce sectionnement électoral est opéré par le Conseil général, sur la demande d'un de ses membres, du préfet, du conseil municipal ou des électeurs de la commune intéressée.

Durée du mandat. — Les conseils municipaux sont élus pour quatre ans : ils sont renouvelés intégralement le premier dimanche de mai.

Sessions. — Les conseils municipaux ont quatre sessions ordinaires par an : en mai, en août, en novembre et en février.

La session la plus importante est celle de mai, pendant laquelle le budget de la commune est voté : elle dure six semaines, tandis que les autres ne durent que 15 jours.

En outre, le conseil municipal peut être réuni en session extraordinaire, sur l'ordre du préfet ou du sous-préfet, en vertu d'une convocation spontanée du maire, ou sur la demande motivée de la majorité en exercice du conseil municipal.

Séances. — Les séances du conseil municipal sont présidées par le maire, et à défaut, par l'adjoint qui le supplée. Le président est assisté d'un ou de plusieurs secrétaires nommés par le conseil dans son sein.

Les séances sont publiques.

Suspension. — Dissolution d'un conseil municipal. — Un conseil municipal peut être suspendu pour un mois, au plus, par un arrêté motivé du préfet, qui doit en rendre compte immédiatement au Ministre de l'Intérieur.

Il ne peut être dissous que par un décret motivé du Président de la République, rendu en Conseil des Ministres et publié au *Journal officiel*.

Dans le cas où un conseil municipal est dissous, ou bien lorsqu'il donne sa démission collective, il est remplacé par une délégation spéciale, de 3 à 7 membres, suivant l'importance de la commune, nommée par décret du chef de l'Etat. Cette délégation gère la commune jusqu'à l'élection du nouveau conseil, sans pouvoir faire aucun acte qui engage les finances de la commune.

II. **Attributions.** — Les attributions du conseil municipal consistent :

1° *A régler par ses délibérations les affaires de la commune* ; dans certains cas (1), les délibérations qu'il rend ne sont exécutoires qu'après approbation de l'autorité supérieure, ou du préfet, ou du Président de la République, ou de la loi.

Dans d'autres cas, ses délibérations sont exécutoires, par elles-mêmes, sans qu'aucune autorisation soit nécessaire.

2° *A donner des avis au maire ;* il est un certain nombre d'affaires sur lesquelles le conseil municipal doit être consulté, par exemple, pour la création d'un bureau de bienfaisance. Mais l'administration n'est jamais tenue de suivre son avis.

3° *A formuler des réclamations* ; par exemple, ainsi que nous l'avons dit plus haut, contre le contingent assigné à la commune dans l'établissement des impôts de répartition.

4° *A émettre des vœux* ; le conseil municipal ne peut émettre de vœux que sur les objets d'intérêt local. Les vœux politiques lui sont interdits, ainsi que les vœux touchant à des questions d'administration générale et d'économie politique.

(1) Citons, à titre d'exemples, les baux d'une durée supérieure à 18 ans ; les aliénations et échanges de propriétés communales ; l'acceptation de dons ou legs quand ils contiennent des charges ou quand ils soulèvent des réclamations de la part de la famille.

Appendice. — Règles particulières au département de la Seine et à la ville de Paris.

Département de la Seine. — L'organisation administrative du département de la Seine présente une double particularité intéressante à signaler.

1° Il a deux préfets, au lieu d'un seul, comme les autres départements :

Le préfet de la Seine, chargé de la gestion des intérêts du département, considéré comme personne civile ;

Le préfet de police, chargé de tout ce qui concerne la sécurité et le bon ordre dans toute l'étendue du département, et même sur le territoire de 3 communes du département de Seine-et-Oise : Sèvres, Meudon et St-Cloud.

2° Le Conseil général se compose :

Des 80 conseillers municipaux de la ville de Paris, et de 21 conseillers élus par les arrondissements de Sceaux et de St-Denis.

Ville de Paris. — L'organisation administrative de la ville de Paris est soumise à deux règles spéciales :

1° Elle n'a pas de maire central comme les autres communes de France. Les attributions dévolues normalement au maire sont partagées à Paris entre 3 catégories de fonctionnaires :

Le préfet de la Seine, qui représente la ville de Paris en tant que personne morale ;

Le préfet de police, auquel sont dévolus tous les pouvoirs du maire en matière de police municipale ;

Enfin, les maires et adjoints des 20 arrondissements de Paris qui ont des attributions relatives à l'état civil, aux élections, à l'instruction primaire, etc.

2° Elle comprend 20 arrondissements, divisés chacun en quatre quartiers. Chaque quartier nomme un conseiller municipal : ce qui porte le nombre des membres du conseil à 80.

Les conseillers municipaux ne sont élus que pour 3 ans.

Règles particulières à la ville de Lyon. — La loi du 21 avril 1881 a rétabli à Lyon la mairie centrale et l'a fait rentrer dans le droit commun.

La loi du 5 avril 1884 a maintenu ce retour au droit commun.

Cependant l'organisation de la ville de Lyon est soumise à certaines règles spéciales :

1° La ville de Lyon continue à être divisée en 6 arrondissements municipaux ;

2° Le maire est assisté de 17 adjoints ;

3° Le maire délègue spécialement deux de ses adjoints dans chacun des 6 arrondissements. Ils sont chargés de la tenue des registres de l'état civil et des autres attributions déterminées par le règlement d'administration publique du 12 juin 1881 ;

4° Le conseil municipal de Lyon comprend 54 membres ;

5° Dans plusieurs communes du département du Rhône (1) et dans celle de Sathonay, du département de l'Ain, le préfet du Rhône exerce les mêmes attributions que celles qu'exerce le préfet de police dans les communes suburbaines de la Seine.

RÉSUMÉ 7. — La commune.

I. Caractère juridique.	1° Circonscription territoriale ; 2° Unité administrative ; 3° Personne morale.

(1) Caluire et Cuire, Oullins, Sainte-Foy, Saint-Rambert, Villeurbaune, Vaux-en-Velin, Bron, Venissieux et Pierre-Bénite.

II. Le maire

- 1° *Organisation.*
  - a. *Elu* par le conseil municipal.
  - b. *Durée des fonctions* : même durée que le conseil municipal.
  - c. *Suspension.*
    - pour un mois par le préfet.
    - étendue à 3 mois par le Ministre de l'intérieur.
  - d. *Révocation* par décret.
- 2° *Attributions.*
  - a. Il est agent et représentant du pouvoir central.
  - b. Représentant de la personnalité civile de la commune, il peut accepter des dons et des legs, la représenter en justice, etc.
  - c. Il est *magistrat municipal.*
    - Officier de police judiciaire.
    - Officier de l'état civil.
    - Chef de la police municipale, rurale et de la voirie.
- 3° *Arrêtés municipaux.*
  - a. *Généraux ou réglementaires*, contenant des mesures générales applicables à toute l'étendue de la commune.
  - b. *Spéciaux ou individuels*, relatifs à un objet ou à une personne déterminée.

III. Le Conseil municipal.

- 1° *Organisation.*
  - a. *Composition* : De 10 à 36, d'après la population.
  - b. *Scrutin* : En principe, scrutin de liste, sauf le cas de sectionnement électoral.
  - c. *Durée du mandat* : 4 ans, sauf à Paris, 3 ans.
  - d. *Sessions*
    - 4 ordinaires : mai, août, novembre et février.
    - Des sessions extraordinaires.
- 2° *Attributions.*
  - a. Régler les affaires de la commune par ses délibérations.
  - b. Donner des avis au maire.
  - c. Emettre des vœux.

SECTION IV. — Organisation judiciaire.

Publicité et gratuité de la justice. — Deux principes dominent l'organisation judiciaire en France depuis 1789 : la justice est publique et gratuite.

La justice est *publique* : cela veut dire que pour garantir les justiciables contre le danger de la partialité des juges, la loi exige que les débats judiciaires aient lieu en public, dans des salles d'audience où toute personne puisse accéder librement, et que le jugement, pour la formation duquel les juges devront délibérer en secret, soit toujours prononcé en séance publique.

Il peut arriver que, dans certaines affaires (attentat aux mœurs, divorce, poursuites en espionnage), l'intérêt général demande que les débats restent secrets. Le tribunal, seul juge de cette question, peut alors ordonner le huis clos. Mais, même dans ce cas, il est une garantie qui subsiste, c'est le prononcé du jugement en public.

La justice est *gratuite* : cela veut dire que les plaideurs n'ont plus à acquitter d'honoraires entre les mains des magistrats, comme sous l'ancien régime où ces honoraires, connus sous le nom d'*épices*, avaient pris un développement considérable, comme conséquence de la *vénalité des charges de judicature* : le titulaire pressurait le plus qu'il pouvait ses justiciables, pour retirer un intérêt considérable du capital qu'il avait employé à l'acquisition de son office. Il n'en est plus ainsi aujourd'hui. Les juges rendent gratuitement la justice aux particuliers ; ils sont désormais des fonctionnaires publics, appointés par l'État.

Voilà en quoi consiste seulement la gratuité de la justice : cela ne veut pas dire que pour intenter un procès ou y défendre, on n'ait aucun frais à exposer ; il y a les frais de timbre, d'enregistrement, et surtout les honoraires des avoués, chargés de représenter les parties devant les juridictions civiles, les honoraires des avocats chargés de plaider pour elles, et ceux des huissiers, chargés de notifier les pièces de la procédure.

Cependant, en cette matière, la République de 1848 a réalisé un progrès considérable à l'effet de rendre l'accès des tribunaux possible à tout le monde. Par la loi du 22 janvier 1851, elle a créé l'*assistance judiciaire*, qui assure aux indigents le concours gratuit des avoués, des huissiers et des avocats, et les dispense, au moins provisoirement (1), des frais de timbre et d'enregistrement.

Division de la section. — Nous étudierons : 1° les juridictions civiles ; 2° les juridictions administratives.

CHAPITRE PREMIER. — DES JURIDICTIONS CIVILES.

Définition. — On entend par *juridictions civiles*, les tribunaux qui ont pour mission de statuer sur les conflits d'intérêt privé qui peuvent naître entre deux personnes. On les oppose aux *juridictions criminelles* ou *répressives*, qui sont chargées de prononcer des peines contre les auteurs d'infractions punissables.

Énumération. — Les juridictions civiles sont au nombre de six :

1° La Cour de cassation ;
2° Les Cours d'appel ;
3° Les tribunaux de première instance ;
4° Les tribunaux de commerce ;
5° Les juges de paix ;
6° Les conseils de prud'hommes.

Unité de la juridiction civile et répressive. — Il faut

(1) Auprès de chaque tribunal ou Cour d'appel, il existe un bureau qui décide s'il y a lieu d'accorder ou non le bénéfice de l'assistance judiciaire. Toute personne qui réclame l'assistance judiciaire doit adresser une demande sur papier libre au procureur de la République du tribunal de son domicile, en y joignant : 1° un certificat du percepteur constatant qu'il n'est pas imposé ; 2° une déclaration, affirmée devant le maire, certifiant son état d'indigence.

noter que ce sont les mêmes tribunaux qui connaissent des matières civiles et criminelles. Ainsi, nous verrons que la Cour de cassation comprend une Chambre criminelle, qui statue sur les pourvois en matière criminelle ; de même la Cour d'appel, une Chambre des appels correctionnels, et une Chambre des mises en accusation ; que le tribunal correctionnel n'est qu'une fraction du tribunal de première instance, et que le tribunal de simple police est composé du juge de paix.

Division de la France au point de vue judiciaire. — Ajoutons qu'au point de vue de l'organisation judiciaire la France est divisée : en *ressorts* de Cours d'appel, au nombre de 25, pour la France continentale (1). Chaque ressort comprend un certain nombre de départements.

Les ressorts de Cours d'appel se divisent en arrondissements ; au chef-lieu de chacun d'eux se trouve un tribunal de 1re instance ;

Enfin, les arrondissements se subdivisent en cantons, avec un juge de paix, qui siège au chef-lieu.

Tribunaux ordinaires et tribunaux d'exception. — Disons, pour terminer sur ces notions préliminaires, que les tribunaux peuvent être rangés en deux catégories : les *tribunaux de droit commun* ou ordinaires, et les *tribunaux d'exception* ou d'attribution.

Les tribunaux de *droit commun* ou *ordinaires* sont ceux qui sont compétents, toutes les fois qu'un texte de loi ne leur a pas enlevé la connaissance de l'affaire dont il s'agit.

Exemple : le tribunal de première instance, au 1er degré de juridiction.

Les tribunaux d'exception ou d'attribution sont ceux qui ne sont compétents que pour les matières qui leur ont été attribuées par un texte formel de loi.

Exemples : juges de paix, tribunaux de commerce, conseils de prud'hommes

1° La Cour de cassation. — La Cour de cassation est la

(1) Il existe en outre une Cour d'appel en Corse, une en Algérie et des Cours d'appel dans les colonies.

plus haute juridiction qui existe dans notre organisation judiciaire : on la désigne souvent pour ce motif sous le nom de *Cour suprême.* C'est une Cour unique, siégeant à Paris, et dont l'autorité s'étend à toute la France, continentale et coloniale.

Composition. — La Cour de cassation comprend : 49 membres : dont 45 conseillers, 1 premier président, et trois présidents de Chambre.

Elle est divisée en trois Chambres : la Chambre des requêtes, la Chambre civile, et la Chambre criminelle.

Caractère de sa juridiction. — La Cour de cassation a pour mission de veiller à l'application et à l'interprétation exacte de la loi par les tribunaux et les Cours, et d'exercer à l'égard des magistrats un pouvoir disciplinaire.

La Cour de cassation n'est pas juge des faits dans les procès qui sont soumis à son appréciation : elle doit considérer comme établis et constants les faits qui ont été admis par les premiers juges ; et examiner simplement, si étant donnés ces faits, la loi a été sainement appliquée. C'est ce qu'on exprime en disant qu'elle juge en droit et non en fait.

2° **Les Cours d'appel.** — Les Cours d'appel sont des juridictions chargées de prononcer sur les recours formés contre les jugements des tribunaux de première instance et des tribunaux de commerce.

A la différence de la Cour de cassation, la Cour d'appel est appelée à examiner l'affaire à nouveau, tant au point de vue du fait qu'au point de vue du droit : et lorsqu'elle estime que la décision rendue en première instance est mauvaise, elle la réforme en prononçant un arrêt à la place du jugement primitif.

Nous avons dit que les Cours d'appel sont au nombre de 25 sur le territoire continental. Elles sont composées d'un premier président, de présidents de chambre variant de 1 à 4, et de conseillers de 8 à 24.

Elles sont divisées en une, deux ou trois chambres ; elles comprennent en outre une chambre des mises en accusation.

La Cour de Paris comprend 1 premier président, 9 présidents de chambre et 62 conseillers.

3° **Les tribunaux de première instance.** — Au chef-lieu de chaque arrondissement existe un tribunal, qui connaît en première instance de toutes les affaires qu'un texte formel de loi n'a pas attribuées à un autre tribunal. C'est le tribunal de droit commun. Il statue sans appel jusqu'à 1.500 francs en principal, pour les actions mobilières, et jusqu'à 60 francs de revenus, pour les actions relatives à des immeubles.

En outre, il constitue le tribunal d'appel pour les jugements rendus par le juge de paix.

Les tribunaux d'arrondissement comprennent un nombre de membres variant de trois à quinze.

Dans ce nombre il y a 1 président, 1 ou plusieurs vice-présidents, 2 ou plusieurs juges.

Ils composent une seule ou plusieurs Chambres. Quand un tribunal n'a qu'une Chambre, il siège à des jours différents comme tribunal civil et comme tribunal correctionnel. Quand il y a plus d'une Chambre, l'une d'elles est nécessairement affectée au jugement des affaires correctionnelles.

A Paris, le tribunal comprend 1 président, 11 vice-présidents, 64 juges et 20 juges suppléants ; il se divise en 11 Chambres : 7 civiles, et 4 correctionnelles.

4° **Les tribunaux de commerce.** — Les tribunaux de commerce constituent des juridictions d'exception, créées par décret, dans des centres importants de commerce, pour statuer sur les procès relatifs aux affaires commerciales. Là où il n'y a pas de tribunal de commerce, c'est le tribunal de première instance qui connaît de ces sortes d'affaires.

La juridiction des tribunaux de commerce présente ceci de particulier que les juges qui les composent sont désignés à l'élection par les commerçants exerçant depuis 5 ans, au lieu d'être nommés par le gouvernement ; ils sont nommés pour un temps déterminé, 1 an ou 2 ans. Enfin ils ne sont pas rétribués.

5° **Les juges de paix.** — Dans chaque canton il y a un juge de paix, qui a la mission de juge conciliateur, chargé de tenter d'arrêter les procès à leur naissance pour les affaires de la compétence du tribunal d'arrondissement, et de juger les affaires de minime importance.

On peut dire qu'en général, le juge de paix connaît de toute demande mobilière, à concurrence de 100 francs sans appel et de 200 francs au 1er ressort.

Il est en outre, une catégorie importante d'actions qui entrent dans sa compétence : les actions possessoires. Ce sont les actions par lesquelles le possesseur d'un immeuble tend à faire cesser le trouble apporté à sa possession par un tiers ou à se faire réintégrer dans la possession d'un immeuble dont il a été violemment expulsé.

L'organisation des justices de paix offre cette particularité que le juge appelé à rendre la sentence est unique, tandis que dans les autres tribunaux, la loi a établi la pluralité de juges.

6° **Les conseils de prud'hommes.** — Le conseil de prud'hommes est une juridiction particulière chargée de statuer sur les difficultés auxquelles le contrat de louage d'ouvrage peut donner lieu dans les rapports entre le patron et l'ouvrier.

C'est un tribunal composé d'un égal nombre d'ouvriers et de patrons.

Comme le tribunal de commerce, les membres du conseil de prud'hommes sont élus : les prud'hommes patrons par les électeurs patrons, les prud'hommes ouvriers par les électeurs ouvriers ; l'exercice du mandat conféré aux juges est gratuit.

La procédure est des plus simples et des moins coûteuses : l'affaire est d'abord portée devant le bureau particulier, composé d'un patron et d'un ouvrier, qui doit tenter d'amener les parties à se concilier.

Si une conciliation n'est pas possible, l'affaire est jugée par le bureau général, qui comprend un président et un nombre égal de patrons et d'ouvriers, au nombre de deux au moins. L'appel des décisions est possible lorsque la demande est supérieure à 200 francs : c'est le tribunal de commerce qui statue.

Là où il n'y a pas de conseils de prud'hommes, c'est le juge de paix qui connaît des différends entre patrons et ouvriers.

Le ministère public. — Le ministère public est une magistrature spéciale, établie auprès de quelques juridictions pour y représenter l'intérêt général, l'ordre public, et veiller à l'application de la loi.

Le ministère public est composé :

Dans les tribunaux de première instance : d'un procureur de la République, qui peut avoir un ou plusieurs substituts ;

Dans les Cours d'appel : d'un procureur général, d'avocats généraux et de substituts du procureur général ;

A la Cour de cassation : d'un procureur général, d'avocats généraux et d'un secrétaire général.

On appelle *parquet*, la réunion des magistrats exerçant les fonctions du ministère public auprès de la même juridiction.

Il n'y a pas de ministère public près les justices de paix, les tribunaux de commerce et les conseils de prud'hommes.

Les avocats, les avoués et les huissiers. — Les *avocats*, les avoués et les huissiers sont les auxiliaires des tribunaux pour l'administration de la justice.

Les avocats ont pour mission de défendre la cause des justiciables en prenant la parole dans leur intérêt devant les tribunaux.

Les *avoués* sont chargés de représenter les parties en justice et de faire en leur nom tous les actes de procédure que nécessite la marche de l'instance. Devant le tribunal de 1re instance, et devant la Cour d'appel, les parties ne peuvent comparaître en personne : elles doivent nécessairement être représentées par un avoué.

Le rôle de l'*huissier* consiste à notifier les actes de procédure aux parties, et à assurer l'exécution des jugements en pratiquant des saisies sur les biens du débiteur condamné.

L'avoué et l'huissier sont des *officiers ministériels*. Leur nombre est limité. Ils sont nommés par un décret du Président de la République, sur la présentation du titulaire en fonction, à la suite d'un traité de cession de l'office.

Au contraire la fonction de l'avocat est libre, c'est-à-dire qu'elle est ouverte à tous ceux qui remplissent certaines conditions de capacité, sans que le nombre en soit limité. On peut ajouter que l'avocat n'est pas nommé par décret du Président de la République, comme l'avoué et l'huissier : il acquiert son titre par la prestation du serment professionnel devant une Cour d'appel et il peut exercer sa profession, du moment qu'il a été admis au tableau des avocats titulaires ou des avocats stagiaires d'un barreau de France (1).

RÉSUMÉ 8. — Organisation judiciaire.

I. Justice.	1° *Publicité.*	Quant aux débats, sauf les cas de *huis clos*. Jugement *toujours* prononcé en public.
	2° *Gratuité*	Plus d'épices payés aux magistrats par les plaideurs. Magistrats appointés par l'État. Frais judiciaires de timbre, d'enregistrement, d'avoués, d'avocats. Facilités données aux indigents par l'institution de l'*assistance judiciaire*.

(1) *Agréés près les tribunaux de commerce.* — Les agréés sont de simples particuliers qui se chargent de représenter les parties devant les tribunaux de commerce et que l'agrément du tribunal recommande à la confiance du public. Ils ne sont pas organisés et reconnus par la loi. Ils ne sont pas des officiers ministériels comme les avoués : leur ministère n'est ni obligatoire, ni privilégié. On peut très bien se présenter et se défendre en personne devant les tribunaux de commerce, ou se faire représenter ou défendre par un autre que par un agréé, par exemple par un avoué ou un agent d'affaires. L'agréé n'est pas nommé par décret comme l'avoué ; lorsqu'un agréé veut céder son étude, il présente son successeur à l'agrément du tribunal de commerce et il s'opère dans la pratique une cession à titre onéreux.

DES JURIDICTIONS CIVILES

II. Définition : *Tribunaux* qui ont pour mission de statuer sur les conflits d'intérêt privé, qui peuvent naître entre deux personnes.

III. Enumération des juridictions civiles.

- 1° *Cour de cassation*
  - appelée encore *Cour suprême*. — Juridiction unique siégeant à Paris.
  - 49 conseillers. — Trois Chambres : civile, des requêtes et criminelle.
  - Sa mission :
    - 1° veiller à l'exacte interprétation de la loi.
    - 2° exercer un pouvoir disciplinaire à l'égard des magistrats.
- 2° *Cour d'appel.*
  - 25 sur le territoire continental. Chargées de statuer sur les recours formés contre les jugements des tribunaux civils et de commerce.
- 3° *Tribunaux de 1re instance.*
  - Siégeant au chef-lieu de l'arrondissement.
  - Tribunaux de droit commun au 1er degré.
- 4° *Tribunaux de commerce.*
  - Etablis dans les centres importants de commerce.
  - Statuent sur les opérations commerciales. — Juges élus pour un temps.
- 5° *Juge de paix.*
  - Etabli dans chaque canton. Juge conciliateur pour toutes les affaires civiles.
  - Statue seul comme tribunal
    - jusqu'à 100 fr. sans appel.
    - jusqu'à 200 fr. avec appel devant tribunal d'arrondissement.
- 6° *Conseils de prud'hommes*
  - Etablis dans les villes industrielles pour juger les contestations entre ouvriers et patrons.
  - Juges élus : moitié de patrons, moitié d'ouvriers.

IV. Ministère public	Magistrature spéciale établie auprès de quelques juridictions pour y représenter l'intérêt général et veiller à l'application de la loi.	Procureur de la République et subtituts. Procureurs généraux, avocats généraux et substituts.

V. Avocats : chargés de défendre par la parole les plaideurs (demandeur et défendeur).

VI. Avoués : chargés de représenter les plaideurs et de faire les actes de procédure.

VII. Huissiers : chargés de notifier les actes et de les exécuter en opérant des saisies.

VIII. Agréés : simples particuliers chargés de représenter les parties devant les tribunaux de commerce.

CHAPITRE II. — NOTION SOMMAIRE SUR LES JURIDICTIONS ADMINISTRATIVES.

Définition. Théorie générale. — Les juridictions administratives sont celles qui sont chargées de statuer sur les réclamations formées par un simple particulier à l'encontre d'un acte de l'administration. Ces réclamations ne peuvent pas être portées devant les juridictions civiles, dont nous avons fait connaître l'organisation ci-dessus. En raison du principe de la séparation de l'autorité administrative et de l'autorité judiciaire, aucun acte de l'administration ne pouvait être soumis à l'examen et au contrôle des autorités judiciaires.

Pour n'en donner qu'un exemple, supposez qu'un simple particulier ait été imposé au rôle des contributions directes pour un chien ou pour un vélocipède qu'il ne possède pas, ce n'est pas devant le tribunal civil d'arrondissement ou le juge de paix qu'il devra porter sa réclamation, mais devant un tribunal administratif.

Les juridictions administratives sont : la Cour des comptes, le Conseil d'Etat, et les Conseils de préfecture.

Cour des comptes. — *Attributions.* — La Cour des comptes, créée par la loi du 16 septembre 1807, a pour principale attribution d'examiner et de juger les comptes des comptables de deniers publics. Elle les déclare : quittes, en débet, ou en avance, suivant que leur compte est exact, en déficit, ou présente un reliquat.

La Cour des comptes a une autre attribution très importante : elle est l'auxiliaire des Chambres législatives pour le contrôle de l'exécution du budget par les ministres ; c'est après l'examen fait par la Cour des comptes que le parlement est appelé à voter la loi des comptes, portant règlement définitif des budgets clos.

Composition. — La Cour des comptes est divisée en trois Chambres. Elle comprend un premier président, trois présidents de Chambre, des Conseillers maîtres des comptes, des Conseillers référendaires, des auditeurs. Il y a en outre un parquet comprenant un procureur général et un avocat général.

Conseil d'Etat. — *Double rôle.* — Le Conseil d'Etat joue un double rôle dans notre organisation administrative : C'est d'abord un *Conseil* de gouvernement et d'administration, chargé de donner son avis sur les projets et les propositions de loi qui lui sont soumis, et de préparer les règlements d'administration publique rendus par le Président de la République en exécution des lois ; c'est, en second lieu, un tribunal administratif.

Attributions comme tribunal. — Comme tribunal administratif, le Conseil d'Etat a trois ordres d'attributions :

1° Il statue en premier et dernier ressort sur un certain nombre d'affaires : notamment sur les recours formés contre un acte administratif pour *excès de pouvoir* ; c'est là une des plus importantes attributions du Conseil d'Etat. Ces recours sont pour les particuliers une précieuse sauvegarde contre les abus d'autorité émanant des agents de l'administration ;

2° Il statue comme juridiction d'appel sur les recours formés contre les jugements des autres tribunaux administratifs, par exemple, contre les arrêtés du Conseil de préfecture ;

3° Il constitue une sorte de Cour de cassation administrative, et, en cette qualité, il peut annuler les arrêts de la Cour des comptes ou les décisions des conseils de révision, pour violation ou fausse interprétation de la loi.

Composition. — Le Conseil d'Etat comprend : des conseillers d'État en service ordinaire, des conseillers d'Etat en service extraordinaire (hauts fonctionnaires de l'administration centrale nommés au Conseil d'Etat pendant le temps qu'ils exercent leurs fonctions et non appointés à ce titre), des maîtres des requêtes, des auditeurs, des secrétaires. Le président du Conseil d'Etat est le garde des Sceaux ; au-dessous, se trouve un vice-président.

Le Conseil d'Etat est divisé en cinq sections : quatre administratives, correspondant aux divers ministères, et une *contentieuse*, chargée d'instruire les affaires sur lesquelles le Conseil d'Etat doit statuer comme tribunal administratif.

Conseil de préfecture. — *Double rôle.* — Tandis que la Cour des comptes et le Conseil d'Etat constituent des juridictions uniques, siégeant à Paris, et exerçant leurs attributions sur toute l'étendue du territoire de la France, le conseil de préfecture est une juridiction qui existe au chef-lieu de chaque département, et dont les pouvoirs s'arrêtent aux limites de chacun d'eux.

Comme le Conseil d'Etat, le Conseil de préfecture joue un double rôle dans notre organisation administrative:

1° C'est un Conseil placé près du préfet pour lui donner des avis, que celui-ci est quelquefois obligé de demander, mais qu'il n'est jamais tenu de suivre;

2° C'est un Tribunal qui connait en 1er ressort d'un certain nombre d'affaires déterminées par la loi.

Attributions comme Tribunal. — Le Conseil de préfecture a été créé par la loi du 28 pluviôse de l'an VIII. D'après l'article 4 de cette loi, le Conseil de préfecture connait des réclamations relatives:

1° Aux contributions directes ;

2° A la grande voirie (routes nationales, départementales, etc.) ;

3° A l'exécution des travaux publics ;

4° A la vente des domaines nationaux.

Des lois postérieures ont augmenté sa compétence, mais ces matières sont restées les plus importantes sur lesquelles il est appelé à statuer.

Composition. — Le Conseil de préfecture est composé de 3 ou 4 membres ; le préfet en est le président de droit ; un conseiller est chargé de le suppléer, en qualité de vice-président ; le secrétaire général de la préfecture joue le rôle de ministère public, avec le titre de commissaire du Gouvernement.

A Paris, le Préfet n'est pas le président du Conseil de préfecture, il y a un président spécial. Le Conseil comprend, en outre : 8 conseillers et 4 commissaires du Gouvernement. Le Conseil est divisé en 2 sections, avec un président de section pris parmi les conseillers.

RÉSUMÉ 9. — Des juridictions administratives.

I. Définition — Tribunaux ayant pour mission de statuer sur les réclamations formées par un particulier, à l'encontre d'un acte de l'administration.

II. Enumération des juridictions administratives.

- 1° *Cour des comptes*
  - *Attributions :*
    - Juge les comptes des comptables des deniers publics ;
    - Est l'auxiliaire des Chambres pour contrôler l'exécution du budget.
  - *Divisée* en 3 Chambres.
  - *Comprend*
    - 1 premier Président.
    - 3 Présidents de chambre.
    - Des conseillers maîtres.
    - Des conseillers référendaires.
    - Des auditeurs.

II. Enumération des juridictions administratives. (*suite*)

- 2° *Conseil d'Etat.*
  - *Double rôle.*
    - *a.* Conseil de gouvernement, prépare les règlements d'administration publique.
    - *b.* Tribunal administratif.
  - *Attributions comme tribunal.*
    - *a.* Statue sur certaines affaires en premier et dernier ressort.
    - *b.* Tribunal d'appel des autres juridictions administratives.
    - *c.* Cour de cassation notamment à l'égard de la Cour des comptes.
  - *Composition.*
    - *a.* Ministre de la justice, Président.
    - *b.* Un vice-président.
    - *c.* Des présidents de section.
    - *d.* Des conseillers en service ordinaire.
    - *e.* Des conseillers en service extraordinaire.
    - *f.* Des maîtres de requêtes.
    - *g.* Des auditeurs.
    - *h.* 5 sections dont 4 administratives et 1 du contentieux.
- 3° *Conseil de préfecture.*
  - *Double rôle.*
    - *a.* Conseil d'administration.
    - *b.* Tribunal administratif.
  - *Attributions.*
    - Notamment : Travaux publics,
    - Grande voirie,
    - Contributions directes, etc.
  - *Composition.*
    - *a.* Le Préfet, Président, sauf à Paris.
    - *b.* Un vice-président.
    - *c.* 3 ou 4 conseillers.
    - *d.* Secrétaire général de la Préfecture : Ministère public.

SECTION V. — Idée générale du droit criminel.

Objet du droit criminel. — Tout manquement à l'observation de la loi n'a pas la même gravité, et ne produit pas les mêmes conséquences au point de vue juridique.

Dans certains cas, il porte purement et simplement atteinte au droit d'un particulier. Ce particulier a la faculté de s'adresser à la justice civile pour obtenir la reconnaissance et l'exercice du droit qui a été ainsi méconnu ou violé, et en outre, une indemnité pour le préjudice qu'il a pu éprouver. Exemple : un débiteur n'acquitte pas sa dette à l'échéance convenue, le créancier peut le poursuivre devant le tribunal civil et le faire condamner à lui payer ce qui lui est dû.

Dans d'autres cas, l'atteinte portée au droit d'un particulier est tellement grave, que la société tout entière en éprouve un trouble ; tous les esprits sont inquiets dans la peur d'avoir à subir le même dommage dans sa personne, dans son honneur, ou dans ses biens.

Alors, à côté du droit qui appartient au particulier d'obtenir satisfaction pour ses intérêts lésés, apparaît, au profit de la société, le droit de punir l'auteur de l'infraction à la loi.

Déterminer les faits punissables, les personnes punissables, les peines applicables, et organiser les tribunaux spécialement chargés de l'œuvre de la répression, tel est l'objet du droit criminel.

Fondement du droit de punir. — La question de savoir quel est le fondement du droit de punir a fait naître plusieurs systèmes : Les uns ont donné pour fondement au droit de punir, la vengeance, d'autres, la défense sociale, d'autres, enfin, la justice.

L'idée de vengeance ne peut être admise dans une société civilisée. Quant aux systèmes de la défense sociale et de la justice, ils sont trop absolus, trop exclusifs, et conduisent à des exagérations regrettables.

Le fondement exact du droit de punir repose sur la combinaison des deux idées de préservation et de défense sociale, et de justice.

La société a le droit de punir, parce que cela est indispensable à son existence. Il faut qu'elle puisse infliger un mal, une souffrance à ceux qui troublent son repos et sa tranquillité, en transgressant les lois fondamentales de son fonctionnement, pour empêcher le retour de faits de même nature, par la crainte de la punition qui attend les coupables. Mais, d'autre part, elle ne doit infliger de châtiment que lorsque cela est conforme à la justice, et dans la mesure de cette justice.

C'est ce système qui a servi de base à notre Code pénal.

Division de la section. — Nous étudierons :

1° Les personnes punissables ;

2° Les peines ;

3° Les tribunaux de répression.

CHAPITRE Ier. — DES PERSONNES PUNISSABLES.

Diverses sortes d'infraction à la loi pénale. — Notre loi pénale distingue trois sortes d'infractions punissables :

Le crime ;

Le délit ;

La contravention.

C'est à la peine que la loi inflige à l'auteur de l'infraction qu'il faut se référer pour connaître à quelle catégorie appartient l'infraction.

Le crime est l'infraction punie par la loi d'une peine criminelle ;

Le délit celle qui est punie d'une peine correctionnelle ;

La contravention, celle qui est punie d'une peine de simple police (art. 1, C. P.).

Nous verrons d'ailleurs bientôt qu'à cette distinction des infractions correspond une distinction analogue des tribunaux répressifs.

Conditions de la culpabilité. — Pour qu'une personne

soit punissable à raison d'un fait qualifié crime, délit ou contravention par la loi pénale, il faut que cette personne en soit coupable, c'est-à-dire qu'elle en soit l'auteur responsable.

La culpabilité n'existe qu'à trois conditions :

1° Il faut l'accomplissement du fait matériel prévu par la loi ;

2° Il faut chez l'auteur, l'*intelligence* et le *discernement* de l'acte qu'il a commis ;

3° Il faut qu'il ait *voulu* le fait dont il s'agit, et qu'il l'ait voulu *librement*.

Causes qui suppriment la culpabilité. — Lorsque l'une des conditions, qui viennent d'être indiquées, fait défaut, la culpabilité n'existe pas.

Ainsi l'auteur matériel d'une infraction à la loi pénale doit être jugé non coupable, et acquitté dans les cas suivants :

1° Lorsqu'il était sous l'empire de l'aliénation mentale, au moment de l'action ;

2° Lorsque, mineur de 16 ans, il n'avait pas le discernement de l'acte qu'il faisait ;

3° Lorsqu'il a agi sous l'empire d'une contrainte, soit physique, soit morale, qui lui a enlevé la liberté de sa volonté ;

Exemple : les naufragés de la Méduse, qui, sous l'empire de la faim dévorante, tuaient leurs compagnons pour satisfaire le besoin qui les torturait, ne pouvaient être considérés comme des meurtriers, au point de vue légal.

4° Lorsque l'agent n'a fait qu'obéir à un supérieur hiérarchique, dans la limite de ses attributions.

Exemple : le bourreau qui exécute l'ordre de la justice en guillotinant le condamné à mort.

5° Lorsqu'il n'a agi que sous l'empire de la nécessité actuelle de la défense de soi-même ou d'autrui.

Exemple : un passant est attaqué sur une route par des malfaiteurs. Sa vie est mise en danger : il peut tuer ses agresseurs, sans pouvoir être condamné comme meurtrier.

La loi a assimilé à la légitime défense, et a fait bénéficier de l'impunité, le cas de meurtre ou de blessures commis en repoussant pendant la nuit l'escalade ou l'effraction des clôtures, murs, ou entrée d'une maison ou d'un appartement habité ou de leurs dépendances.

Il en est ainsi, même si l'habitant sait que l'auteur de l'escalade ou de l'effraction n'a pas l'intention d'attenter à sa personne (art. 329, C. P.).

RÉSUMÉ 10. — Idée générale du Droit criminel.

DES PERSONNES PUNISSABLES.

I. Fondement du Droit de punir.	*Double.*	La justice et la défense sociale.

II. Trois catégories d'infractions.	1° *Crimes.* — Infractions punies de peines criminelles ; 2° *Délits.* — Infractions punies de peines correctionnelles ; 3° *Contraventions.* — Infractions punies de peines de simple police.
III. Conditions de culpabilité.	1° Accomplissement du fait matériel ; 2° Intelligence et discernement de l'acte commis ; 3° Volonté libre de l'agent.
IV. Causes supprimant la culpabilité.	1° Aliénation mentale ; 2° Défaut de discernement chez le mineur de 16 ans ; 3° Contrainte physique ou morale ; 4° Obéissance aux ordres d'un supérieur hiérarchique ; 5° Légitime défense.

CHAPITRE II. — DES PEINES.

Définition. — Une peine est un mal, infligé à l'auteur d'une infraction à la loi pénale.

Elle consiste dans la privation d'un bien :

De l'existence : peine de mort ;

De la liberté : travaux forcés, emprisonnement, etc. ;

De droits civils ou politiques : dégradation civique, interdiction légale, etc. ;

D'une somme d'argent ou d'un objet déterminé : amende, confiscation.

But de la peine. — Le but de la peine est triple :

1° Faire expier au coupable le mal qu'il a commis ;

2° L'amender, en le rappelant à de meilleurs sentiments, pour qu'il ne retombe pas de nouveau dans le crime, après sa libération ;

3° Servir d'exemple aux autres en leur inspirant une crainte salutaire, qui les retienne dans le respect de la loi.

Classification des peines. — Il y a trois catégories de peines, comme il y a trois catégories d'infractions :

Les peines criminelles ;

Les peines correctionnelles ;

Les peines de simple police.

1° Peines criminelles.

Peines principales. — L'échelle générale, par ordre de gravité, des peines criminelles est la suivante :

1° Peine de mort ;

2° Travaux forcés à perpétuité, subis par la transportation des condamnés en Nouvelle Calédonie, où ils sont employés à des travaux de colonisation ;

3° Déportation dans une enceinte fortifiée, peine perpétuelle, appliquée aux crimes politiques, subie en Nouvelle Calédonie dans la presqu'île Ducos, n'entraînant pas l'obligation au travail ;

4° La déportation simple, ayant les mêmes caractères que la peine précédente, subie en Nouvelle Calédonie, à l'île des Pins, et en cas d'insuffisance, à l'île Maré ;

5° Les travaux forcés à temps (5 à 20 ans), subie dans les mêmes conditions que les travaux forcés à perpétuité ;

6° La détention, peine politique, comme les deux déportations, mais temporaire, de 5 à 20 ans, et subie, en France, à l'île Ste-Marguerite ;

7° La réclusion, de 5 à 10 ans, consistant dans l'internement dans une maison centrale avec obligation au travail.

8° Le bannissement, peine politique, de 5 à 10 ans, consistant dans l'exil hors du territoire français.

9° La dégradation civique, qui ne peut être prononcée seule, comme peine principale, qu'en matière politique. Elle consiste dans la privation de certains droits civils, civiques et de famille (droit de vote, d'éligibilité, droit d'être juré, tuteur, membre d'un Conseil de famille, sauf à l'égard de ses enfants, etc.) ;

La mort ;
Les travaux forcés à perpétuité ;
Les travaux forcés à temps ;
La réclusion.
Sont des peines de droit commun.
La déportation dans une enceinte fortifiée ;
La déportation simple ;
La détention ;
Le bannissement ;
La dégradation civique, peine principale ;
Sont des peines politiques.

Peines accessoires. — A côté de ces peines, qui sont dites principales, parce qu'elles peuvent être prononcées seules, il y en a d'autres qui ne peuvent pas exister isolément, qui ne sont que la conséquence de peines principales, et qu'on appelle pour ce motif peines accessoires.

Ce sont les peines suivantes :

1° La double incapacité de disposer et de recevoir à titre gratuit par donation entre vifs ou par testament ;

2° La dégradation civique, dont nous avons indiqué plus haut les effets ;

3° L'interdiction légale, qui consiste dans la privation de l'*exercice* des droits civils, en ce sens que le condamné, tant que dure sa peine, ne peut faire aucun acte relatif à son patrimoine, lequel est administré par un tuteur, comme pour le mineur, et pour l'*interdit judiciaire.*

Ces trois peines accessoires sont encourues de plein droit par tout individu condamné à une peine perpétuelle. Les peines criminelles temporaires n'entraînent comme accessoires que la dégradation civique et l'interdiction légale.

2° Peines correctionnelles.

Les peines correctionnelles sont :

1° L'emprisonnement de 6 jours à 5 ans, qui, en théorie, devait être subi dans des maisons de correction, mais qui, en réalité, est subi :

Dans les maisons centrales, avec la réclusion et sous le même régime, à partir d'un an et 1 jour ;

Et dans les prisons départementales, lorsque l'emprisonnement est de moindre durée.

2° L'interdiction de certains droits civils, civiques et de famille (droit de vote, d'éligibilité etc.), pour 10 ans, au maximum.

3° Peines communes aux matières criminelles et correctionnelles.

1° L'amende, au-dessus de 16 francs ;

2° L'interdiction de certains séjours au condamné après sa libération ;

3° La relégation, consistant dans le transport et le séjour, à perpétuité, du condamné, après sa peine subie, à la Guyane ou à la Nouvelle-Calédonie, pour débarrasser la métropole des criminels endurcis, définitivement perdus pour le bien.

4° Peines de simple police.

1° L'emprisonnement de 1 à 5 jours, exécuté dans les prisons cantonales ou dans les quartiers séparés d'une maison d'arrêt ;

2° Amende de 1 à 15 francs.

3° Peine commune aux matières criminelles, correctionnelles et de simple police.

La confiscation spéciale.

RÉSUMÉ 11. — Des peines.

I. Définition.
- Mal infligé à l'auteur d'une infraction.
- Elle a pour *but* : châtier, menacer, amender.

II. Classification des peines.
- 1° *Peines criminelles.*
  - *a. Principales.*
    - 1° Mort ;
    - 2° Travaux forcés à perpétuité ;
    - 3° Déportation dans une enceinte fortifiée (P. politique) ;
    - 4° Déportation simple (P. politique) ;
    - 5° Travaux forcés à temps (5 à 20 ans) ;
    - 6° Détention de 5 à 20 ans (P. politique) ;
    - 7° Réclusion (5 à 10 ans) ;
    - 8° Bannissement de 5 à 10 ans (P. politique) ;
    - 9° Dégradation civique (P. politique) ;
  - *b. Accessoires.*
    - 1° Double incapacité de recevoir ou de disposer par donation ou testament.
    - 2° Dégradation civique.
    - 3° Interdiction légale.
- 2° P. *correctionnelles.*
  - *a.* Emprisonnement de 6 jours à 5 ans ;
  - *b.* Interdiction de certains droits civils, civiques et de famille.

II. Classification des peines. (*suite.*)	3° P. *communes aux matières criminelles et correctionnelles.*	*a.* Amende au-dessus de 16 francs ; *b.* Interdiction de certains séjours; *c.* Relégation.
	4° P. *de simple police.*	*a.* Emprisonnement de 1 à 5 jours ; *b.* Amende de 1 à 15 francs.
	5° P. *commune aux 3 catégories.*	Confiscation spéciale.

CHAPITRE III. — DES TRIBUNAUX DE RÉPRESSION.

Définition. — On entend par tribunaux de répression ceux qui ont pour mission spéciale de juger les auteurs d'infractions à la loi pénale.

Classification. — Il y a trois catégories de tribunaux de répression, qui correspondent aux trois catégories d'infractions, et aux trois catégories de peines :

La Cour d'assises est compétente pour juger les crimes ;

Le tribunal correctionnel, pour juger les délits ;

Le tribunal de simple police, pour juger les contraventions.

Cour d'assises. — *Composition* : — La cour d'assises est une juridiction répressive, composée de deux éléments différents :

1° La Cour, proprement dite, composée de trois magistrats ;

2° Le jury, comprenant 12 citoyens, désignés par le sort, et après les récusations autorisées par la loi, sur une liste qui est dressée chaque année dans chaque département.

Le ministère public est représenté au chef-lieu du ressort de la Cour d'appel par le Procureur général, ses avocats généraux et ses substituts ; et dans les autres villes du ressort par le procureur de la République et ses substituts.

La Cour d'assises est assistée d'un greffier et d'huissiers.

Siège. — Elle siège au chef-lieu de chaque département, à intervalles périodiques, en général, tous les trois mois.

Rôle de la Cour et du Jury. — Le rôle de la Cour et du Jury est ainsi déterminé :

A la Cour appartient la direction des débats, c'est son président qui interroge l'accusé, qui procède à l'audition des témoins. Une fois les débats terminés, le président adresse au jury, par écrit, une liste de questions, dont lecture est donnée en audience publique, portant sur la culpabilité, sur les circonstances aggravantes, sur les excuses ; et en faisant remise de la question au président du jury, il ajoute que le jury aura à examiner s'il y a ou non des circonstances atténuantes en faveur de l'accusé.

C'est alors que le rôle du jury apparaît : il est considérable. On peut dire que de lui dépend le sort du condamné, puisque c'est le jury qui prononce s'il est coupable ou innocent, et dans le cas de culpabilité, s'il y a lieu d'abaisser la peine établie par la loi, en raison des circonstances atténuantes de l'affaire. Et il faut noter que le jury n'a pas à indiquer les motifs de son verdict, comme est obligé de le faire un tribunal ordinaire.

La mission de la Cour consiste à appliquer la loi au verdict rendu. En cas de déclaration de non culpabilité, le président de la Cour prononce l'acquittement de l'accusé ; en cas de déclaration de culpabilité, la Cour prononce la peine établie par la loi.

L'admission des circonstances atténuantes par le jury met la Cour dans la nécessité d'abaisser la peine d'un degré, et lui donne la faculté de la faire descendre d'un second degré.

Exemple : Un individu est déclaré coupable d'un crime pour lequel la loi prononce la peine de mort.

Si le jury admet des circonstances atténuantes, la Cour ne pourra prononcer au maximum que les travaux forcés à perpétuité, mais elle aura la faculté de descendre jusqu'aux travaux forcés à temps.

Tribunal correctionnel. — Nous avons vu que le Tribunal correctionnel fait partie du Tribunal d'arrondissement.

Lorsque le Tribunal d'arrondissement est divisé en deux ou plusieurs chambres, l'une de ces chambres est nécessairement chargée de statuer comme tribunal correctionnel.

Lorsque le tribunal d'arrondissement ne comprend qu'une seule chambre, ce sont les mêmes magistrats, qui, à des jours différents, siègent comme tribunal civil et comme tribunal correctionnel.

Le tribunal correctionnel a pour principale attribution de juger les auteurs des délits.

L'appel de ses décisions est porté devant la Chambre des appels correctionnels de la Cour.

Le tribunal correctionnel statue en second lieu, comme juridiction d'appel, sur les jugements rendus par le tribunal de simple police.

Tribunal de simple police. — Le tribunal de simple police est composé du juge de paix, juge unique, assisté de son greffier. Le Ministère public est représenté par le commissaire de police, et en cas d'empêchement, par le maire de la commune (1).

(1) *Exposé rapide de la procédure en matière répressive.* — La procédure criminelle par trois phases successives : la connaissance de l'infraction, l'instruction et le jugement.

a) *Connaissance de l'infraction.* — L'infraction peut être portée à la connaissance de la justice soit par la plainte de la victime, soit par une dénonciation d'un tiers, soit par les agents mêmes, chargés de rechercher les infractions à la loi pénale, c'est-à-dire les officiers de police judiciaire (1° gardes champêtres ; 2° commissaires de police ; 3° maires et adjoints ; 4° officiers de gendarmerie et gendarmes ; 5° juges de paix ; 6° juges d'instruction et 7° procureurs de la République).

b) *L'instruction.* — Si le procureur de la République a eu connaissance d'un crime ou d'un délit, par plainte ou dénonciation, il est tenu d'en donner avis au Procureur général près la Cour d'appel, dans le ressort de laquelle il est placé ; il en avertit également un juge spécial, nommé *juge d'instruction*, qui procède alors à l'*instruction*. Ce juge est investi de pouvoirs très étendus qui peuvent aller jusqu'à priver l'*inculpé* de sa liberté individuelle. Il peut le citer devant lui par un *mandat de comparution* ou un *mandat d'amener*; il peut même le faire mettre en prison préventive pour l'empêcher de gagner l'étranger; dans ce cas, le juge d'instruction décerne contre l'inculpé un *mandat de dépôt* ou un *mandat d'arrêt*. Le juge interroge l'inculpé, reçoit les dépositions des témoins, et son enquête terminée, sur de nouvelles réquisitions du procureur de la République, il rend, suivant les cas :

Ou une ordonnance de *non-lieu*, relaxant l'inculpé, s'il ne paraît pas coupable ;

Ou une ordonnance de *renvoi* devant le tribunal de simple police, s'il s'agit d'une contravention, devant le tribunal correctionnel, s'il s'agit d'un délit ; ou enfin une ordonnance de *renvoi* devant la Chambre des mises en accusation de la Cour d'appel du ressort, qui décide s'il y a lieu ou non de saisir la Cour d'assises, s'il s'agit de crime. La Chambre des mises en accusation instruit une seconde fois l'affaire, et rend, à son tour, suivant les cas : ou une ordonnance de *non lieu*, ou une ordonnance de *renvoi*, soit devant un tribunal de simple police, soit devant un tribunal correctionnel, soit enfin devant la Cour d'assises. Dans ce dernier cas, le prévenu prend désormais le titre d'*accusé*.

c) *Jugement*. — Le *jugement* est la décision rendue par un tribunal de simple police ou par un tribunal correctionnel. Il porte le nom d'*arrêt* quand il s'agit d'une décision rendue par une *Cour*. La réponse du *jury*, en Cour d'assises, s'appelle le *verdict* (*vere dictum*).

RÉSUMÉ 12. — Tribunaux de Répression.

I. Définition : Tribunaux ayant pour mission spéciale de juger les auteurs d'infractions à la Loi pénale.

II. Enumération des Tribunaux de répression.

- 1° *Cour d'assises.*
  - *Compétente* pour juger les *crimes.*
  - Siège au chef-lieu du département : Session tous les 3 mois.
  - *Composition* : 2 éléments.
    - a. La *Cour*, comprenant 3 magistrats.
    - b. Le *Jury* : 12 citoyens, tirés au sort.
  - *Rôle du jury* : statuer par son verdict sur
    - a. la culpabilité
    - b. les excuses,
    - c. les circonstances aggravantes.
    - d. les circonstances atténuantes.
  - *Rôle de la Cour* : Appliquer la loi à la déclaration du jury.
- 2° *Tribunal correctionnel.*
  - *Compétent* pour statuer sur les *délits.*
  - Est compris dans le Tribunal de 1re instance.
- 3° *Tribunal de simple police.*
  - *Compétent* pour juger les *contraventions.*
  - *Composé*
    - du juge de paix
    - et du commissaire de police, comme ministère public.

DEUXIÈME PARTIE

DROIT CIVIL.

Section I. Les personnes et la famille. — Section II. Les biens. — Section III. Les successions. — Section IV. Comment on défend ses droits.

SECTION Ire. — Les personnes et la famille.

Division de la section. — La section I sera divisée en 5 chapitres :

Chapitre Ier. — La nationalité :

Chapitre II. — La constitution de la famille ;

Chapitre III. — La protection des incapables ;

Chapitre IV. — La constatation des principaux faits de la vie civile ;

Chapitre V. — Les sociétés civiles et commerciales.

CHAPITRE Ier. — LA NATIONALITÉ

Définition. — La nationalité est le lien qui rattache une personne à un état déterminé.

Division. — Nous allons étudier :

1° Dans quels cas on est Français ?

2° Quelle est la condition des étrangers en France ?

§ 1. — Dans quels cas on est Français.

On peut être Français :

1° Par la naissance,

2° Par un fait postérieur à la naissance.

a) **Français de naissance.** — Sont Français de naissance ou d'origine :

1° Les individus nés de parents français, soit en France, soit à l'étranger ;

2° Les individus nés en France de père et mère inconnus ;

3° Les individus nés en France de parents étrangers qui eux-mêmes y étaient nés ou dont l'un seulement y est né lui-même (1) ;

4° Les individus nés en France de parents étrangers, — qui eux-mêmes n'y étaient pas nés, — lorsqu'ils sont domiciliés en France, à l'époque de leur majorité.

Seulement, ils ont le droit de réclamer la nationalité du pays auquel appartiennent leurs parents, dans l'année qui suit leur majorité.

b) **Français par un fait postérieur à la naissance.** — Un étranger peut devenir Français de deux façons :

Soit par le bienfait de la loi,

Soit par naturalisation.

Acquisition de la nationalité par le bienfait de la loi. — On dit qu'il y a acquisition de la qualité de Français par le bienfait de la loi, dans un certain nombre de cas, dans lesquels, la loi reconnaît à des étrangers le droit de réclamer la nationalité française.

C'est ce qui a lieu au profit des personnes que nous allons faire connaître :

1° L'individu né en France de parents étrangers qui n'y sont pas nés eux-mêmes, n'est pas Français, s'il n'est pas domicilié en France au moment de sa majorité. Mais la loi lui reconnaît le droit de réclamer la nationalité française jusqu'à l'âge

(1) Sauf, la faculté pour lui, si c'est la mère qui est née en France, de décliner dans l'année qui suivra sa majorité la qualité de Français (art. 1er, loi du 22 juillet 1893).

de 22 ans accomplis, pourvu qu'il fasse sa soumission de fixer en France son domicile et qu'il l'établisse dans l'année à compter de l'acte de soumission.

La dite déclaration doit être, à peine de nullité, enregistrée au Ministère de la Justice.

L'enregistrement peut être refusé dans deux cas :

a) Pour le motif que le déclarant n'est pas dans les conditions prescrites par la loi, sauf recours de l'intéressé devant les tribunaux ordinaires ;

b) Pour cause d'indignité, par un décret rendu sur l'*avis conforme* du Conseil d'État (Loi du 23 juillet 1893, art. 3).

2° La femme étrangère qui épouse un Français devient Française de plein droit par l'effet de son mariage.

3° Les enfants d'un ci-devant Français, c'est-à-dire d'un Français qui avait perdu la nationalité française, peuvent réclamer à toute époque la qualité de Français, même si leur père est resté étranger.

Si le père est redevenu Français, ses enfants mineurs acquièrent de plein droit la nationalité par l'effet de cette réintégration, sauf le droit qui leur est réservé de reprendre leur ancienne nationalité, dans l'année qui suit leur majorité.

Quant aux enfants majeurs et à la femme, ils peuvent obtenir la qualité de Français par le même décret qui réintègre le ci-devant Français dans sa première patrie.

4° La même faveur est faite à la femme et aux enfants d'un étranger naturalisé Français.

Acquisition de la nationalité par naturalisation. — La naturalisation est un mode d'acquérir la nationalité, moyennant certaines conditions de résidence, et par suite d'une concession gracieuse du chef de l'État.

Les conditions de la naturalisation sont les suivantes :

1° L'étranger doit résider trois ans en France, s'il a obtenu du gouvernement l'autorisation de fixer son domicile en France.

Ce délai est réduit à un an pour l'étranger qui a rendu des services importants à la France, ou contribué à sa prospérité, et pour l'étranger qui a épousé une Française.

2° L'étranger doit résider 10 ans en France, s'il n'a pas l'autorisation de fixer son domicile.

La naturalisation est conférée par un décret du Président de la République, sur une demande de l'étranger, à la suite d'une enquête administrative, et d'après un rapport du Ministre de la Justice.

Effets de la naturalisation. — L'étranger naturalisé acquiert en principe tous les droits du Français ; cependant, il n'est éligible aux Chambres législatives que 10 ans après la date du décret de naturalisation.

Comment on perd la qualité de Français. — On perd la qualité de Français dans les cas suivants :

1° Lorsqu'on acquiert une nationalité étrangère, pour cette raison qu'on ne peut appartenir à deux patries à la fois ;

2° Lorsque, malgré l'injonction du gouvernement, un Français conserve des fonctions publiques à l'étranger ;

3° Lorsqu'une Française, en épousant un étranger, acquiert la nationalité de son mari ;

4° Lorsqu'un Français a accepté du service militaire à l'étranger sans autorisation du gouvernement.

§ 2. — Condition des étrangers en France.

Position de la question. — Il n'y a pas que les Français qui habitent la France et s'y établissent ; il y a également des étrangers.

La loi a dû se préoccuper de déterminer leur condition, c'est-à-dire de faire connaître quels droits ils sont admis à exercer sur l'étendue de notre territoire.

Des trois catégories de droits. — On distingue trois catégories de droits :

1° Les droits publics, ou facultés essentielles reconnues par la loi à l'homme comme condition indispensable de son existence en société (liberté individuelle, liberté de conscience, etc.) ;

2° Les droits politiques ou civiques, consistant dans la participation accordée à certaines personnes dans le fonctionnement des pouvoirs, soit politiques, soit administratifs (électorat et éligibilité aux Chambres, aux Conseils généraux, etc.);

3° Les droits civils, ou facultés exercées par l'individu dans les rapports que crée l'existence privée (droit d'être propriétaire, d'être créancier, de se marier, d'adopter, etc.).

Droits publics. — L'étranger jouit des droits publics comme les Français : il ne peut être l'objet d'arrestation ou de séquestration arbitraires, son domicile est inviolable, etc.

Cependant, le gouvernement dispose à son égard d'un pouvoir redoutable : Un arrêté du ministre de l'intérieur peut contraindre un étranger à quitter le territoire français, et à n'y pas reparaître si sa présence est de nature à compromettre l'ordre public, même lorsqu'il n'a encore commis ni crime, ni délit.

Droits politiques. — Les droits politiques n'appartiennent pas, et ne peuvent pas appartenir rationnellement aux étrangers. Seuls, les citoyens français sont admis aux fonctions publiques, électives ou non électives.

Droits civils. — Au point de vue de l'exercice des droits civils, la condition de l'étranger varie, suivant les trois cas que nous allons indiquer :

1er Cas : Il existe un traité entre la France et l'Etat auquel appartient l'étranger ;

2e Cas : Il n'existe pas de traité, mais l'étranger est autorisé à fixer son domicile en France ;

3e Cas : Il n'existe pas de traité, et l'étranger n'est pas autorisé à fixer son domicile en France.

1er Cas : Il existe un traité entre la France et l'Etat auquel appartient l'étranger. — Si le traité dont il s'agit accorde formellement à l'étranger l'exercice en France, soit de tous les droits civils, soit de quelques-uns de ces droits, nos tribunaux n'auront qu'à faire application de ce traité.

On peut citer dans ce sens, le traité passé par la France avec la Serbie en 1883, et avec l'Espagne en 1882, par lequel les États contractants ont concédé à leurs nationaux respectifs la plénitude de l'exercice des droits civils sur l'étendue de leur territoire.

2e Cas : Il n'existe pas de traité, mais l'étranger est autorisé à fixer son domicile en France. — L'étranger qui a été autorisé à fixer son domicile en France par un décret du président de la République jouit, comme le Français de tous les droits civils, sans exception.

3e *Cas : Il n'existe pas de traité et l'étranger n'est pas autorisé à fixer son domicile en France.* — En raison du silence du Code, tous les auteurs ne sont pas d'accord sur la solution à donner à la question dans cette hypothèse.

Voici comment la Cour de cassation a tranché cette difficulté.

L'étranger jouit de tous les droits qui sont des facultés du droit des gens ; mais il n'a pas la jouissance des droits qui constituent des facultés de pur droit civil.

Par facultés du droit des gens, la jurisprudence entend les droits relatifs aux institutions qui se retrouvent dans la plupart des législations et chez la plupart des peuples civilisés.

Par facultés du droit civil, la jurisprudence entend les droits relatifs aux institutions qui sont propres à certains pays, et n'existent pas dans toutes législations.

Ainsi, le mariage, la propriété, les créances, sont des institutions communes à tous les États : l'étranger pourra user de ces facultés en France : il peut se marier, être propriétaire, ou créancier.

Au contraire, l'adoption est une institution qui existe en France mais qu'on ne retrouve pas partout, notamment en Angleterre. L'étranger ne pourra ni adopter ni être adopté en France.

Appendice. Compétence des tribunaux français à l'égard des étrangers. — Pour déterminer l'étendue de la compétence de nos tribunaux à l'égard des étrangers, il y a lieu de distinguer trois ordres d'hypothèses :

1° Le Français est demandeur, l'étranger défendeur. — D'après l'article 14 du Code civil, le Français peut poursuivre un étranger devant un tribunal français, même s'il n'a en France ni domicile, ni résidence.

C'est une dérogation à la règle générale d'après laquelle le défendeur doit être assigné devant le tribunal de son domicile. Cette exception a pour cause un sentiment de défiance de la loi française à l'égard des tribunaux étrangers.

2° **L'étranger est demandeur, le Français défendeur.** — Un étranger peut assigner un Français devant un tribunal français, à la condition qu'il garantisse par une caution le paiement des frais du procès, pour le cas où il viendrait à succomber. Cette caution est connue sous le nom de *cautio judicatum solvi* (art. 15, 16 Code civil) (1).

3° **Un étranger plaide contre un autre étranger.** — Ce cas n'est pas formellement prévu par la loi. La jurisprudence française pose en principe que les tribunaux français sont incompétents, sauf dans un certain nombre de cas, notamment :

1° Lorsque l'ordre public est intéressé ;

2° Lorsqu'il s'agit d'un immeuble situé en France ;

3° En matière commerciale.

RÉSUMÉ 13. — **Les personnes et la famille.**

LA NATIONALITÉ.

I. Dans quels cas on est Français.	1° *Français de naissance.*	*a.* Individus nés de parents français ; *b.* Individus nés en France de père et de mère inconnus ; *c.* Individus nés en France de parents étrangers dont l'un ou l'autre est Français, sauf faculté d'option, si c'est la mère. *d.* Individus nés en France de parents étrangers, s'ils sont domiciliés en France, à leur majorité, sauf droit d'option.

(1) Mot à mot : Caution que ce qui sera jugé sera payé.

I. Dans quels cas on est Français. (*suite.*)

- 2° *Français par un fait postérieur à la naissance.*
  - *a. Par bienfait de la loi.*
    - 1° Individus nés en France de parents étrangers et non domiciliés en France au moment de leur majorité ;
    - 2° Femme étrangère qui épouse un Français.
    - 3° Enfants d'un ci-devant Français.
    - 4° Enfants de l'étranger naturalisé.
  - *b. Par naturalisation.*
    - 1° Au bout de 3 ans de résidence, si l'on a obtenu l'autorisation de fixer son domicile en France.
    - 2° Au bout de 10 ans, si l'on n'a pas cette autorisation.

II. Perte de la qualité de Français.

- 1° Lorsqu'on acquiert une nationalité étrangère ;
- 2° Lorsqu'un Français conserve des fonctions publiques à l'étranger ; malgré le Gouvernement français ;
- 3° Lorsqu'une Française épouse un étranger ;
- 4° Lorsqu'un Français a accepté du service militaire à l'étranger.

III. Condition des étrangers en France.

- 1° *Droits publics.* — Appartiennent aux étrangers comme aux Français.
- 2° *Droits politiques.* — Ne sauraient leur être reconnus.
- 3° *Droits civils.*
  - *a.* Un *traité existe.* — Réciprocité diplomatique.
  - *b. Autorisation* de fixer son domicile en France. — Assimilation aux Français.
  - *c.* Ni *traité*, ni *autorisation.* — D'après la Jurisprudence, les étrangers ont les facultés du droit des gens,

  non celles de pur droit civil.

CHAPITRE II. — CONSTITUTION DE LA FAMILLE.

Division. — Nous étudierons successivement :

1° Comment se forme la famille : Par le mariage et l'adoption ;

2° La parenté et l'alliance ;

3° Les droits et les devoirs dans la famille : L'autorité paternelle et l'autorité maritale.

I. — Comment se forme la famille.

En droit français, la famille peut se former :

1° Par le mariage ;

2° Par l'adoption.

§ 1. — Le mariage.

Définition. — Le mariage est l'union légitime de deux personnes de sexe différent, consacrée par un contrat solennel.

L'homme et la femme qui s'unissent ont un double but : fonder une famille nouvelle et se prêter secours et assistance.

Le mariage est le fondement même de l'état civil et la base de la société et de l'Etat. Aussi est-ce le plus important des contrats civils.

Avant la révolution de 1789, le mariage était à la fois un contrat civil et religieux. Il n'en est plus ainsi aujourd'hui : Le Code ne reconnait et ne sanctionne que le contrat civil célébré devant un magistrat civil, les époux restant d'ailleurs libres de contracter ensuite, s'il leur plait, un mariage religieux suivant les rites de leur culte.

Conditions requises pour contracter mariage. — Pour contracter mariage les conditions suivantes doivent se trouver réunies :

1° La différence de sexe ;

2° Le consentement des futurs époux ;

3° L'âge requis par la loi ;

4° Le consentement des parents ;
5° L'absence d'un mariage antérieur ;
6° L'absence d'un lien de parenté ou d'alliance ;
7° L'observation des formalités prescrites par la loi.

1° **Différence de sexe.** — Cette première condition ne demande aucune explication.

2° **Consentement des futurs époux.** — Le mariage étant un contrat, il faut le consentement libre et efficace des deux parties contractantes. Donc, un fou ne pourrait donner un consentement valable.

De même, si l'une des parties peut prouver que son consentement lui a été arraché par la violence, par exemple, le mariage pourra être annulé (art. 180).

3° **Age requis.** — Les futurs époux doivent avoir atteint l'âge fixé par la loi : l'homme, 18 ans, et la femme, 15 ans révolus. Mais, pour des motifs d'une certaine gravité, le chef de l'État peut accorder des dispenses sur ce point (art. 144 et 145).

4 **Consentement des parents** (1). — L'homme, jusqu'à 25 ans, la femme, jusqu'à 21 ans, ne peut se marier, sans avoir le consentement de ses parents les plus proches. Au delà de cet âge, le refus des parents n'est plus un obstacle insurmontable ; le mariage sera possible, après des actes respectueux adressés aux parents.

Cette exigence de la loi est une mesure de protection destinée à mettre l'enfant en garde contre les entraînements de la passion.

Lorsque l'enfant a ses père et mère, il doit demander leur consentement. Mais en cas de désaccord entre le père et la mère, le consentement du père suffit.

Si le père est mort ou dans l'impossibilité de donner son consentement, le consentement de la mère suffira.

Si le père et la mère sont morts ou dans l'impossibilité de

(1) Nous nous plaçons dans l'hypothèse de l'enfant légitime : nous laissons de côté le cas de l'enfant naturel, dont le programme ne s'occupe pas.

donner leur consentement, l'enfant devra obtenir le consentement de ses aïeuls paternels et maternels (1).

Enfin, si l'enfant n'a plus aucun ascendant ou, ce qui revient au même, si les ascendants encore existants se trouvent dans l'impossibilité de manifester leur volonté, il doit demander le consentement du Conseil de famille, s'il n'a pas encore atteint l'âge de 21 ans accomplis. S'il a 21 ans ou davantage, il pourra se marier librement sans l'autorisation de personne. Nous verrons plus loin, au sujet de la protection des incapables, ce que c'est que le Conseil de famille.

Actes respectueux. — A l'âge de 21 ans accomplis, la fille, à l'âge de 25 ans accomplis, l'homme peut, au cas de refus du consentement des père et mère ou autres ascendants, se marier valablement, en faisant des *actes respectueux.*

L'acte respectueux est un acte que l'enfant adresse à ses parents pour requérir leur consentement. Cet acte est fait par un notaire.

De 21 à 25 ans, pour la femme, de 25 à 30 ans pour l'homme, trois actes respectueux doivent être adressés aux parents, à un mois d'intervalle.

Après 25 ans, pour la femme, 30 ans pour l'homme, un seul acte respectueux suffira.

Dans le premier, comme dans le second cas, le mariage ne peut avoir lieu qu'un mois après le dernier acte respectueux.

5° Absence d'un mariage antérieur existant encore. — Aucun des époux ne doit être engagé dans les liens d'une précédente union non dissoute (art. 147). Quiconque contre-

(1) Ces ascendants peuvent être au nombre de quatre : les aïeuls paternels, qui sont le père et la mère du père de chaque futur, et les aïeuls maternels qui sont le père et la mère de la mère de chaque futur. S'il y a dissidence entre le grand-père et la grand'mère dans une même ligne, le consentement du grand-père suffit. Si les deux lignes sont en dissentiment, leur différence d'opinion vaut consentement.

S'il n'y a d'aïeul que dans une ligne, le consentement de cet aïeul suffit, sans qu'il soit nécessaire de remonter au bisaïeul ou autres ascendants de l'autre ligne.

vient aux prescriptions de cet article, commet le crime de *bigamie* (1). Ce crime est sévèrement puni (C. pén., art. 340) et le second mariage doit être annulé.

Lorsque le mariage est dissous, de secondes noces sont possibles ; l'homme peut se remarier immédiatement, la femme doit attendre l'expiration d'un délai de 10 mois.

6° **Absence d'un lien de parenté ou d'alliance au degré prohibé.** — Nous étudierons plus loin, dans un paragraphe spécial, ce qu'il faut entendre par parenté et par alliance.

Qu'il nous suffise d'indiquer pour le moment, que la loi prohibe le mariage entre ascendants et descendants, à l'infini ; entre frères et sœurs, oncle et nièce, neveu et tante (2), entre beaux-parents et les gendres et brus, et entre beaux-frères et belles-sœurs.

Le chef de l'État peut accorder des dispenses pour le mariage entre neveu et tante, oncle et nièce, beaux-frères et belles-sœurs.

7° **Observations des formalités prescrites par la loi.** — La loi a subordonné la formation du mariage à des solennités dont l'exigence se justifie suffisamment par l'importance considérable de ce contrat.

Ces formalités sont de deux sortes : les unes précèdent le mariage ; les autres l'accompagnent.

1° **Formalités qui précèdent le mariage.** — Les formalités qui précèdent le mariage sont :

a) Les publications ;

b) L'affiche ;

c) La remise de certaines pièces à l'officier de l'état civil.

a et b) *Publications et affiches.* — La publication est la proclamation faite par le maire, devant la porte de la maison commune, du projet d'union qui existe entre deux personnes.

Il doit être dressé acte de cette publication, sur un registre

(1) « En approchant des pays où la polygamie est permise, dit Portalis dans l'exposé des motifs du projet du Code, il semble qu'on s'éloigne de la morale même ».

(2) Le mariage entre cousins et cousines germains, prohibé par la loi religieuse, est parfaitement licite en droit civil.

analogue aux registres de l'état civil dont il sera parlé plus loin.

Un extrait de cet acte doit être affiché à la porte de la mairie, et y rester pendant huit jours d'intervalle entre l'une et l'autre publications.

Ces formalités ont pour but d'annoncer au public le projet de mariage, afin que ceux qui connaîtraient l'existence d'empêchements au mariage, en avertissent l'officier de l'état civil.

La loi exige deux publications, le dimanche, à huit jours d'intervalle. Cependant, le procureur de la République peut dispenser de la deuxième publication.

Le mariage ne peut avoir lieu au plus tôt que le troisième jour, depuis, et non compris le jour de la seconde publication ou de la publication unique, c'est-à-dire au plus tôt le mercredi.

Dans la pratique, la publication elle-même, n'a pas lieu. On se borne à afficher l'acte de publication à la porte de la mairie, sans en donner lecture, comme la loi l'exige.

c) *Remise de certaines pièces à l'officier de l'état civil.* — Les futurs époux doivent remettre à l'officier de l'état civil un certain nombre de pièces, pour qu'il se rende compte si le mariage est possible. Ces pièces sont les suivantes (1) :

1° L'acte de naissance de chacun des futurs époux, ou à défaut de cet acte, un acte de *notoriété*, délivré par le juge de paix du lieu de naissance du futur ;

2° Un acte notarié constatant le consentement des ascendants lorsqu'ils n'assistent pas au mariage, ou l'accomplissement de la formalité des actes respectueux, s'il a dû en être fait ;

3° L'acte de décès des ascendants, s'ils sont morts, ou à défaut un acte de notoriété ;

(1) La loi du 10 décembre 1850 a facilité le mariage des indigents, en décidant que tous les actes dont la production est exigée par la loi (extraits de l'état civil, actes de notoriété, etc.) seraient visés pour timbre et enregistrés gratis, lorsqu'il y aura lieu à enregistrement. De plus, la taxe des expéditions des actes de l'état civil est réduite à 30 centimes, quand il n'y aura pas lieu à légalisation ; à 50 centimes, lorsque cette formalité devra être accomplie.

4° L'autorisation de contracter mariage, donnée par les supérieurs militaires, lorsque le futur appartient à l'armée de terre ou à l'armée de mer ;

5° Une expédition authentique des dispenses qui ont pu être accordées (dispenses d'âge, de publications ou dispenses à raison de la parenté ou de l'alliance) ;

6° L'acte de décès du premier conjoint si l'un des futurs a été marié ;

7° Les certificats des publications qui ont dû être faites, dans des communes autres que celles où le mariage est célébré ;

8° Les certificats attestant qu'aucune opposition au mariage ne s'est produite, ou la *main-levée* de celles qui auraient été faites.

9° Le certificat dont parle l'article 1394 constatant qu'il a été fait un contrat de mariage.

2° Formalités qui accompagnent la célébration du mariage. — Le mariage est célébré publiquement, devant un officier de l'état civil, dans la commune où l'un des futurs époux a son domicile réel, ou dans la commune où l'un d'eux, sans y avoir son domicile, a une résidence de six mois au moins. Régulièrement, il doit y être procédé dans la maison commune, toutes portes ouvertes ; mais on admet qu'en cas de nécessité pressante, par exemple, pour un mariage *in extremis*, l'officier de l'état civil, se transporte au domicile de l'un des futurs époux pour y procéder à la célébration.

L'officier de l'état civil interpelle chacun des futurs époux séparément et reçoit d'eux la déclaration qu'ils veulent se prendre respectivement pour mari et pour femme. Puis, il prononce l'union des époux au nom de la loi.

Toutes ces formalités doivent être accomplies en présence de quatre témoins mâles et majeurs, parents ou non des parties contractantes.

Rédaction de l'acte de mariage. — Immédiatement après l'accomplissement de ces diverses formalités, l'officier de l'état civil dresse l'acte de mariage qui doit énoncer :

1° Les prénoms, noms, professions, âge, lieu de naissance et domicile des époux ;

2° S'ils sont majeurs ou mineurs ;

3° Les prénoms, noms, professions et domiciles des pères et mères ;

4° Le consentement des ascendants, dans le cas où il est requis ;

5° Les actes respectueux, s'il en a été fait ;

6° Les publications dans les divers domiciles ;

7° Les oppositions, s'il y en a eu, leur main-levée, ou la mention qu'il n'y a point eu d'opposition ;

8° La déclaration des contractants de se prendre pour époux et le prononcé de leur union par l'officier de l'état civil ;

9° Les prénoms, noms, âge, professions et domicile des témoins et leur déclaration s'ils sont parents ou alliés des parties de quel côté et à quel degré (art. 76).

Des oppositions au mariage. — Nous venons de voir, à diverses reprises, que l'officier de l'état civil doit s'enquérir s'il n'a pas été fait d'opposition au mariage avant de procéder à sa célébration. Le moment est venu de dire quelques mots de cette matière.

L'opposition au mariage est un acte d'huissier par lequel certaines personnes, déterminées par la loi, font défense à l'officier de l'état civil de célébrer un mariage.

Les personnes qui peuvent former opposition sont *notamment* les ascendants des futurs époux dont le consentement est nécessaire au mariage. Ils n'ont pas ce droit cumulativement, mais successivement, les uns à défaut des autres. Ainsi lorsque les père et mère sont vivants, le père seul a le droit de faire opposition ; à défaut du père, la mère ; à défaut des père et mère, les grands-pères, etc.

Les ascendants n'ont pas à indiquer la cause pour laquelle ils forment opposition.

Lorsqu'une opposition a lieu, l'officier de l'état civil ne doit pas passer outre au mariage, à moins que la main-levée n'en soit donnée.

La main-levée peut se produire à l'amiable, par l'accord des parties intéressées, ou par jugement.

Le tribunal auquel les futurs époux s'adressent pour obtenir la main-levée est obligé de la prononcer s'il n'existe aucun empêchement légal au mariage.

Des empêchements au mariage. — Empêchements prohibitifs et empêchements dirimants. — Les empêchements au mariage sont les causes qui mettent légalement obstacle au mariage. C'est ce qui se produit lorsqu'une condition exigée par la loi fait défaut.

Il y a deux catégories bien distinctes d'empêchements :

Les empêchements prohibitifs ;

Les empêchements dirimants (1) ;

Les empêchements prohibitifs sont ceux qui ont pour conséquence d'empêcher que l'officier de l'état civil ne procède à la célébration du mariage ; mais, si celui-ci a passé outre, et a célébré le mariage, ils n'entraînent pas la nullité de ce contrat. L'officier de l'état civil est seulement passible d'une amende.

Les empêchements dirimants sont ceux qui mettent obstacle au mariage, et qui, si le mariage a été célébré, entraînent la nullité du contrat.

Empêchements prohibitifs. — Les empêchements prohibitifs sont :

1° L'inobservation par la femme veuve ou divorcée du délai de viduité ;

2° L'absence d'actes respectueux ;

3° L'absence du consentement des supérieurs hiérarchiques pour les militaires ;

4° L'absence de publication ;

5° L'existence d'une opposition.

Empêchements dirimants. — Les empêchements dirimants sont :

1° L'identité de sexe ;

2° L'absence du consentement des futurs ;

3° L'absence de célébration devant un officier de l'état civil ;

4° L'existence d'un mariage ;

(1) Du latin *dirimere*, séparer.

5° L'existence d'un lien de parenté ou d'alliance au degré prohibé ;

6° Le défaut d'âge requis par la loi, ou impuberté ;

7° Le défaut de publicité du mariage ou clandestinité ;

8° Le défaut de consentement des parents ;

9° Un vice du consentement, erreur ou violence, chez l'un des époux.

Les nullités de mariage. — La loi distingue trois espèces de nullités :

1° L'inexistence ;

2° Les nullités absolues ;

3° Les nullités relatives.

Un mariage inexistant n'a même pas l'apparence d'un mariage, et il ne peut, même provisoirement, produire d'effets. Il n'est pas nécessaire de faire prononcer l'inexistence : il suffit de la faire constater par le tribunal.

Au contraire, lorsqu'un mariage est seulement frappé de nullité, provisoirement il a l'apparence du mariage et produit des effets ; et il faut que le tribunal prononce un jugement de nullité pour qu'il soit anéanti.

Mais entre les nullités absolues et les nullités relatives il y a des différences importantes.

Les nullités relatives sont basées sur un intérêt privé, elles ne peuvent être proposées que par certaines personnes limitativement déterminées par la loi et elles sont susceptibles de se couvrir, soit par le temps, soit par la ratification des personnes autorisées à demander l'annulation du mariage.

Les nullités absolues, au contraire, sont basées sur un intérêt d'ordre public, elles peuvent être proposées par toute personne ayant intérêt et par le ministère public, et enfin, elles ne peuvent en général se couvrir, ni par le temps, ni par une ratification expresse.

a) Mariages inexistants. — Un mariage est inexistant :

1° Quand il n'y a pas différence de sexe ;

2° Quand le consentement des époux fait complètement défaut;

3° Quand le mariage n'a pas été célébré devant un officier de l'état civil, mais par exemple devant un notaire, ou un ministre du culte.

b) *Des nullités absolues.* — Les nullités absolues résultent de cinq causes :

1° Le mariage a été contracté avant l'âge indiqué par la loi. Ainsi, par exemple, l'homme n'avait pas dix-huit ans, ou la femme, quinze ans révolus. Si l'un de ces époux, ayant atteint l'âge matrimonial fixé par la loi, laisse s'écouler six mois sans protester, son mariage ne pourra plus être attaqué. C'est le seul cas où une nullité absolue peut se couvrir par le temps ;

2° L'existence d'un premier mariage non dissous, ou bigamie ;

3° La parenté ou l'alliance au degré où le mariage est prohibé, ou inceste ;

4° La clandestinité du mariage, c'est-à-dire l'absence de publicité ;

5° Enfin l'incompétence de l'officier de l'état civil, qui existe lorsque le mariage a été célébré par un officier de l'état civil autre que celui désigné par la loi, suivant ce que nous avons dit plus haut.

c) *Des nullités relatives.* — Les nullités relatives existent dans les deux cas suivants :

1° Le consentement des deux époux ou de l'un d'eux a été vicié ;

2° Le futur époux n'a pas obtenu le consentement de ses ascendants ou de son conseil de famille.

Dans le premier cas, le consentement, tout en ayant été donné, ne l'a été qu'à la suite d'une *erreur* ou d'une *contrainte* soit physique, soit morale. L'époux qui s'est trompé ou qui a été violenté peut seul demander l'annulation du mariage, et cela dans les six mois qui suivent le jour où il a découvert son erreur, ou celui où la violence a cessé.

Dans le second cas, la loi limite les personnes qui peuvent demander l'annulation du mariage :

1° Celui des deux époux qui n'a pu obte ir le consentement qui lui était nécessaire ;

2° Ceux dont le consentement était requis et qui ne l'ont pas donné.

L'époux ne peut plus demander l'annulation de son mariage lorsqu'il a laissé passer, sans réclamation, une année à compter du jour où il a atteint l'âge auquel il aurait pu se marier sans demander le consentement de ses ascendants.

Quant aux ascendants leur action ne peut plus s'exercer s'ils ont laissé s'écouler une année depuis le jour où ils ont eu connaissance du mariage sans en avoir demandé la nullité, ou s'ils ont approuvé expressément ou tacitement le mariage.

Effets de la nullité prononcée. — Mariage putatif. — Lorsque la nullité d'un mariage a été prononcée par le tribunal, le mariage est censé n'avoir jamais existé : il cesse donc de produire des effets dans l'avenir, et les effets qu'il avait produits dans le passé sont anéantis, notamment, les enfants nés de ce mariage ne sont pas légitimes.

Cependant, quand le mariage a été contracté de bonne foi par les deux époux ou par l'un d'eux, la loi maintient pour le passé les effets que le mariage avait produits, en faveur de l'époux qui a été de bonne foi et en faveur des enfants issus de ce mariage : les enfants sont légitimes.

Exemple : deux personnes se sont mariées ignorant qu'elles étaient parentes au degré prohibé ou ignorant que le mariage à ce degré est interdit par la loi.

C'est ce qu'on appelle le *mariage putatif.*

Dissolution du mariage. — Le mariage se dissout :

1° Par la mort de l'un des époux ;

2° Par le divorce.

La séparation de corps laisse subsister le mariage : Elle en relâche simplement les liens en permettant à la femme d'avoir un domicile distinct, et en mettant fin à l'autorité maritale, ainsi que nous le dirons plus loin.

§ 2. — L'adoption.

Définition. — L'adoption est un contrat solennel ayant

pour but de constituer une famille et de procurer les joies d'une paternité fictive, à celui qui n'a pas d'enfants, et qui ne peut plus raisonnablement espérer en avoir.

Conditions requises. — Des conditions sont exigées de l'adoptant et de l'adopté :

a) *De l'adoptant.* — L'adoptant doit :

1° Etre âgé de plus de 50 ans ;

2° Avoir au moins 15 ans de plus que l'adopté ;

3° N'avoir ni enfant, ni descendant légitime ;

4° Obtenir, s'il est marié, le consentement de son conjoint ;

5° Avoir donné à l'enfant, des secours ou des soins non interrompus, pendant six ans au moins, à l'époque de sa minorité ;

6° Jouir d'une bonne réputation.

b) *De l'adopté.* — L'adopté doit :

1° Etre majeur ;

2° N'avoir pas déjà été adopté par une autre personne, si ce n'est par le conjoint de celui qui veut l'adopter ;

3° Avoir le consentement de son père et de sa mère, jusqu'à 25 ans. Au delà de cet âge, un acte respectueux suppléera au défaut de consentement.

Formes de l'adoption. — L'adoption résulte d'une déclaration des parties devant le juge de paix qui en dresse acte.

Cet acte doit être homologué d'abord par le tribunal civil d'arrondissement, et, en second lieu, par la Cour d'appel qui prononce un *arrêt d'adoption.* Cet arrêt est porté à la connaissance du public par voie d'affiches : il doit être transcrit sur les registres de l'état civil du domicile de l'adoptant.

Effets de l'adoption. — L'adoption produit les effets suivants :

1° Elle confère le nom de l'adoptant à l'adopté qui l'ajoute au sien propre ;

2° Elle crée un empêchement au mariage entre l'adoptant et l'adopté, les descendants ou le conjoint de ce dernier, entre l'adopté et le conjoint ou les enfants même adoptifs de l'adoptant ;

3° Elle soumet l'adopté à l'obligation d'honorer et de respecter l'adoptant ;

4° Elle rend commune à l'adopté et à l'adoptant l'obligation réciproque de se fournir des aliments ;

5° Elle confère à l'adopté sur la succession de l'adoptant, tous les droits qui appartiendraient à un enfant légitime.

Mais l'adoptant n'a pas sur l'adopté les attributs de la puissance paternelle et aucun lien de parenté ne peut naître entre l'adopté et la famille de l'adoptant, ni entre l'adoptant et les parents de l'adopté ; par conséquent, ni le droit aux aliments, ni le droit de succession n'existent entre ces différentes personnes.

RÉSUMÉS 14 et 15. — Constitution de la Famille.

COMMENT ELLE SE FORME.

I. Mariage.

- 1° *Définition :* Union légitime de l'homme et de la femme, consacrée par un contrat solennel.
- 2° *Conditions requises.*
  - *a.* Différence de sexe ;
  - *b.* Consentement des futurs ;
  - *c.* Age requis (15 ans et 18 ans) ;
  - *d.* Consentement des parents jusqu'à 21 et 25 ans. Au delà, actes *respectueux* ;
  - *e.* Absence d'un mariage antérieur ;
  - *f.* Absence d'un lien de parenté ou d'alliance au degré prohibé ;
  - *g.* Observation des formalités prescrites.
- 3° *Empêchements.*
  - *a. Prohibitifs.* (n'annulent pas).
    - 1° Inobservation du délai de *viduité* ;
    - 2° Absence d'actes respectueux ;
    - 3° Absence du consentement des supérieurs hiérarchiques ;
    - 4° Absence de publication ;
    - 5° Existence d'une opposition.

I. Mariage. (*suite*).

- 3° *Empêchements.* (suite).
  - b. *Dirimants.* (annulent).
    - 1° Identité de sexe ;
    - 2° Absence de consentement des époux ;
    - 3° Absence de célébration devant un officier de l'état civil ;
    - 4° Existence d'un mariage ;
    - 5° Existence de parenté ou alliance ;
    - 6° Impuberté ;
    - 7° Clandestinité ;
    - 8° Absence du consentement des parents ;
    - 9° Vices du consentement d'un des futurs.
- 4° *Nullités.*
  - a. *Mariages inexistants.*
    - 1° Identité de sexe ;
    - 2° Absence du consentement d'un des futurs ;
    - 3° Absence de célébration devant un officier de l'état civil.
  - b. *Nullité absolue.*
    - 1° Bigamie ;
    - 2° Inceste ;
    - 3° Clandestinité ;
    - 4° Impuberté ;
    - 5° Incompétence de l'officier de l'état civil.
  - c. *Nullité relative.*
    - 1° Absence du consentement des parents ;
    - 2° Vices du consentement d'un des époux (violence ou erreur).
- 5° *Dissolution.*
  - a. *Divorce.*
  - b. *Mort* de l'un des époux.

II. Adoption.

- 1° *Définition.* — Contrat solennel créant une paternité fictive, une famille en quelque sorte artificielle.
- 2° *Conditions requises.*
  - a. *de l'adoptant.*
    - 1° 50 ans ;
    - 2° 15 ans de plus que l'adopté ;
    - 3° Absence de descendants ;
    - 4° Consentement du conjoint ;
    - 5° Soins donnés pendant 6 ans ;
    - 6° Jouir d'une bonne réputation ;
  - b. *de l'adopté.*
    - 1° Etre majeur ;
    - 2° Absence d'adoption antérieure ;
    - 3° Consentement des père et mère.
- 3° *Formes.*
  - a. Déclaration devant le juge de paix ;
  - b. Homologation du Tribunal et de la Cour d'appel ;
- 4° *Effets.* Confère à l'adopté le nom de l'adoptant, des droits à sa succession, etc...

II. — La parenté et l'alliance.

Division. — Nous étudierons :
1° La notion de la parenté et de l'alliance ;
2° Les effets juridiques qu'elles produisent.

§ 1. — Notions de la parenté et de l'alliance.

De la parenté. — La parenté est le lien du sang existant entre plusieurs personnes qui descendent les unes des autres, ou qui descendent toutes d'un auteur commun.

Par cette définition on voit qu'il existe deux sortes de parenté :

1° La parenté *directe* qui relie les personnes descendant les unes des autres. Exemple, le grand-père, le père, le fils et le petit-fils ;

2° La parenté *collatérale* existant entre les personnes qui, sans descendre les unes des autres, sont issues d'un auteur commun. Exemple, les frères et sœurs, l'oncle et le neveu.

En matière de parenté, il faut soigneusement distinguer la *ligne* et le *degré*.

La ligne est la série des parents.

Les *auteurs* d'une personne, ou ses *ascendants* (père, mère, aïeuls paternels et maternels, aïeules paternelles et maternelles..., etc.) forment la *ligne directe ascendante* ; tandis que sa *postérité* (c'est-à-dire ses *descendants*, fils, petit-fils, arrière-petit-fils..., etc.) constituent la *ligne directe descendante*.

La série des personnes descendant d'un même auteur commun forme la ligne collatérale.

Le *degré* est la distance qui existe entre deux parents et l'on compte un degré par chaque génération.

Computation des degrés de parenté en ligne directe. — Pour computer les degrés de parenté, on a l'habitude de comparer la ligne directe à une échelle simple dont chaque échelon formerait un degré.

Supposez, par exemple, votre arrière-grand-père inscrit à l'échelon supérieur, votre grand-père sera inscrit à l'échelon immédiatement inférieur, votre père au troisième échelon et vous-même au quatrième. Pour savoir à quel degré vous êtes avec votre père ou avec l'un de vos ascendants, vous n'avez qu'à compter le nombre d'échelons que vous devez gravir pour rencontrer son nom. Ainsi, un degré vous sépare de votre père, deux de votre grand-père et trois de votre bisaïeul ; et inversement, vous dites que votre bisaïeul est à deux degrés avec votre père et à trois degrés avec vous-même.

Computation des degrés en ligne collatérale. — En ligne collatérale, la computation se fait en se représentant la série des parents comme s'ils étaient placés sur les degrés d'une échelle double, dont le degré supérieur, réunissant les deux branches de l'échelle, serait occupé par l'auteur commun.

Pour rechercher le degré de parenté existant entre parents de chacune des deux branches, on part de l'un de ces parents, on remonte jusqu'à l'auteur commun pour redescendre de l'autre côté de l'échelle jusqu'à l'autre parent. Le nombre d'échelons qu'on a à franchir, d'un côté et de l'autre de l'échelle, donne le degré de parenté.

L'exemple suivant fera mieux comprendre encore notre pensée :

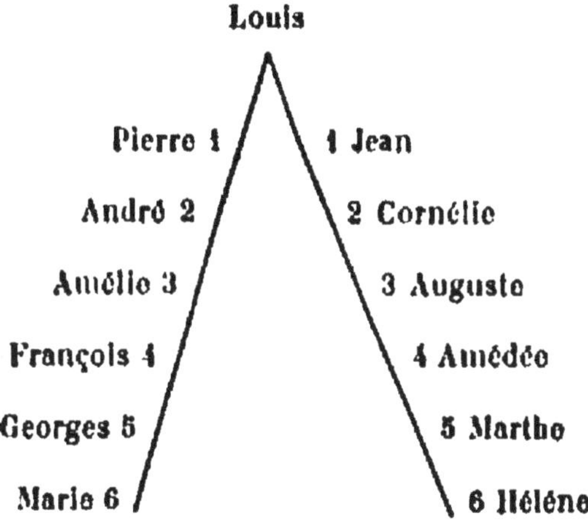

Supposons Louis auteur commun de deux lignes collatérales.

Il a deux fils Pierre et Jean, tous deux sont à un degré de leur père ; mais, entre eux, ils sont à deux degrés. Car Pierre, pour remonter à son père, monte un degré, puis pour rejoindre son frère Jean, il en descend un, ce qui fait deux degrés. On voit de suite qu'en ligne collatérale il ne peut y avoir jamais moins de deux degrés.

Comptez de même pour André et Cornélie, tous deux petits-enfants de Louis et cousins germains entre eux, vous verrez qu'ils sont au 4e degré. Entre le neveu André et son oncle Jean, il y a trois degrés.

En continuant jusqu'au bas de l'échelle double nous arrivons à deux descendantes directes de Louis, l'auteur commun, Marie et Hélène qui sont, la première par rapport à la seconde au douzième degré.

C'est la limite après laquelle la loi ne reconnaît plus de parenté en ligne collatérale, ainsi que nous le verrons plus loin, en traitant des successions (art. 755).

De l'alliance. — L'alliance est le lien qui unit chacun des époux aux parents de l'autre. En me mariant je deviens l'allié de tous les parents de ma femme, et réciproquement ma femme devient l'alliée de tous mes parents. Il est donc évident que mon père ne devient pas l'allié de mon beau-père, pas plus que les maris de deux sœurs ne sont alliés entre eux.

Quant au mari et à la femme, sont-ils parents ou alliés? Ils ne sont ni l'un ni l'autre. Aux yeux de la loi civile, le mari et la femme sont réputés n'être qu'une seule personne et le lien qui les unit est plus étroit que celui de la parenté ou de l'alliance.

Comme pour la parenté, il faut distinguer l'alliance en ligne directe ;

Et l'alliance en ligne collatérale.

L'alliance en ligne directe existe entre l'un des époux et les ascendants de l'autre :

C'est le lien qui unit le gendre et la bru au beau-père et à la belle-mère.

L'alliance en ligne collatérale existe entre l'un des époux, et les collatéraux de l'autre :

C'est le lien qui unit les beaux-frères et les belles-sœurs.

§ 2. — Conséquences juridiques de la parenté et de l'alliance.

Énumération. — La parenté et l'alliance produisent des conséquences juridiques :

1° Au point de vue des empêchements au mariage ;

2° Au point de vue de l'obligation alimentaire.

La parenté seule fait naître des droits au point de vue successora

Nous avons déjà fait connaître l'influence de la parenté et de l'alliance sur le mariage, nous étudierons plus loin la matière des successions.

Nous n'avons donc à nous occuper, pour le moment, que de l'obligation alimentaire.

De l'obligation alimentaire. — C'est l'obligation réciproque que la loi impose aux ascendants, comme aux descendants, de fournir des aliments à ceux de leurs descendants et de leurs ascendants qui sont dans le besoin et dans l'impossibilité de subvenir à leur existence par leur travail et leur industrie.

L'importance de ces aliments est subordonnée à la fortune de celui qui les fournit et aux besoins de ceux à qui ils sont dus.

Personnes entre lesquelles existe l'obligation alimentaire. — Aux termes de la loi :

1° Les ascendants doivent des aliments à leurs descendants et réciproquement ;

2° Les gendres et belles-filles en doivent également à leurs beaux-pères et belles-mères, et réciproquement, les beaux-pères (1) et belles-mères, à leurs gendres et belles-filles.

L'obligation de fournir des aliments entre gendre ou bru et beau-père ou belle-mère cesse dans deux cas :

1° Lorsque la belle-mère se remarie;

2° Lorsque celui des deux époux qui produisait l'alliance et les enfants issus de son union avec l'autre époux sont décédés.

Comment elle est acquittée. — En principe, la dette alimentaire doit être acquittée en argent.

Par exception, les père et mère peuvent l'acquitter en offrant de prendre chez eux leur enfant, même lorsque leur état de fortune leur permettrait de servir une pension en argent.

Les enfants n'ont cette faculté à l'égard de leurs parents

(1) On doit bien s'entendre ici sur le sens exact de ces mots, car l'obligation alimentaire n'existe pas entre le *parâtre* et la *marâtre* d'une part, et les *filiâtres* d'autre part. Expliquons-nous:

Ou bien, ma mère s'est remariée après la mort de mon père, son second mari que l'on a coutume d'appeler beau-père, n'est que mon *parâtre*, ou bien, c'est mon père qui, après la mort de ma mère, s'est remarié, sa seconde femme est ma *marâtre*. Si j'épouse une femme veuve qui a des enfants de son premier mariage, ces enfants deviendront mes *filiâtres*.

que lorsqu'ils ne peuvent se libérer autrement de leur obligation.

Cette différence s'explique : il est moins humiliant pour des enfants de vivre chez leurs parents, que pour ceux-ci de demeurer chez leurs enfants.

RÉSUMÉ 16. — Constitution de la famille.

II. — PARENTÉ ET ALLIANCE.

- **I. Notions.**
  - 1° *Parenté.*
    - *Définition.* — Lien existant entre personnes qui descendent les unes des autres ou qui descendent toutes d'un auteur commun.
    - 2 *sortes.*
      - 1° Ligne *directe*, ascendante ou descendante ;
      - 2° Ligne *collatérale.*
    - *Computation.*
      - Pour la 1re, échelle *simple* : on compte un degré par génération.
      - Pour la 2e, échelle *double* : on fait la somme des degrés parcourus dans chacune des deux lignes collatérales.
  - 2° *Alliance*
    - *Définition.* Lien qui unit un époux aux parents de son conjoint.
    - 2 *sortes.*
      - 1° Ligne *directe* (beau-père, belle-mère, gendre, bru).
      - 2° Ligne *collatérale* (beau-frère, belle-sœur).

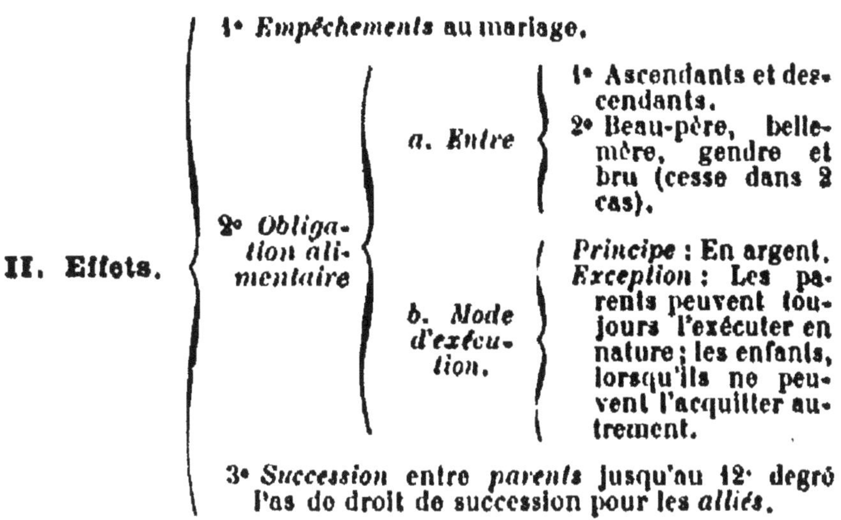

II. Effets.

- 1° *Empêchements* au mariage.
- 2° *Obligation alimentaire*
  - a. *Entre*
    - 1° Ascendants et descendants.
    - 2° Beau-père, belle-mère, gendre et bru (cesse dans 2 cas).
  - b. *Mode d'exécution.*
    - *Principe* : En argent.
    - *Exception* : Les parents peuvent toujours l'exécuter en nature ; les enfants, lorsqu'ils ne peuvent l'acquitter autrement.
- 3° *Succession* entre *parents* jusqu'au 12e degré. Pas de droit de succession pour les *alliés*.

III. — Des droits et des devoirs dans la famille : l'autorité paternelle et l'autorité maritale.

Division. — Le mariage fait naître des droits et des devoirs dans la famille :

1° Dans les rapports des parents et des enfants ;

2° Dans les rapports des deux époux.

§ 1. — Droits et devoirs dans les rapports des parents et des enfants. L'autorité paternelle.

I. — *Devoirs des parents et des enfants.*

Les père et mère ont l'obligation de nourrir, entretenir et élever leurs enfants, mais ils ne sont nullement astreints, lorsque l'enfant est parvenu à l'âge d'homme, de pourvoir à son établissement, en lui constituant une dot, par exemple. C'est là une pure obligation morale, que la loi n'a pas cru devoir sanctionner par des moyens coercitifs.

L'enfant, à tout âge, doit honneur et respect à ses père et mère ; il doit leur venir en aide lorsqu'ils sont dans le besoin, ainsi que nous l'avons dit à propos de l'obligation alimentaire. Il doit, jusqu'à 21, ou 25 ans, obtenir leur consentement pour se marier ; enfin, il doit se soumettre à l'exercice de l'autorité paternelle.

II. — *Droits des parents sur les enfants. L'autorité paternelle.*

Les droits des parents sur les enfants se résument dans les attributs de l'autorité paternelle.

Dans les législations primitives, cette puissance est organisée plutôt dans l'intérêt de celui qui l'exerce, que dans l'intérêt de l'enfant. Dans les Etats modernes, au contraire, elle apparait comme un pouvoir de protection uniquement destiné à soutenir et à défendre les droits et les intérêts de l'enfant, jusqu'à l'âge où il pourra se diriger lui-même dans la vie.

A qui appartient la puissance paternelle ? — La puissance paternelle appartient en principe au père.

Cependant, elle passe à la mère, dans les circonstances suivantes :

1° Lorsque le père est mort ;

2° Lorsque le père a q[illegible] son domicile et n'y a plus reparu, en sorte qu'on a des doutes sur son existence ; autrement dit, lorsqu'il est *absent* ;

3° Lorsqu'il est frappé d'aliénation mentale ;

4° Lorsqu'un jugement de divorce ou de séparation de corps a confié à la mère le soin de veiller sur la personne de l'enfant.

Comment cesse la puissance paternelle? — La puissance paternelle cesse :

1° Par la mort du père et de la mère ;

2° Par l'émancipation de l'enfant, dont il sera parlé plus loin ;

3° Par la majorité de l'enfant, fixée à l'âge de 21 ans révolus.

Droits résultant de la puissance paternelle. — La puissance paternelle fait naître des droits au profit du père :

Sur la personne ;

Et sur les biens de ses enfants.

a) *Droits sur la personne des enfants.* — Ces droits sont de deux sortes :

Le droit de garde,

Et le droit de correction.

Le *droit de garde* est le droit, pour le père, de contraindre son enfant, même par l'emploi de la force, à ne pas quitter, sans sa permission, la maison paternelle.

Le *droit de correction* est le droit, pour le père, de faire interner son enfant dans une maison de correction, lorsqu'il lui donne des sujets de mécontentement très graves.

Si l'enfant est âgé de moins de seize ans, le père exerce ce droit *par voie d'autorité* (1), c'est-à-dire qu'il adresse une demande au président du tribunal civil. Le président est obligé de délivrer l'ordre d'arrestation.

Si l'enfant a seize ans commencés, ou davantage, le droit de correction n'est plus exercé que *par voie de réquisition*, c'est-à-dire que le Président du tribunal, après avoir conféré avec le procureur de la République, est libre d'accorder ou de refuser l'ordre d'arrestation qui lui est demandé.

b) *Droits sur les biens des enfants.* — Le père a sur les biens de ses enfants :

1° Le droit d'administration ;

2° Le droit de jouissance légale.

1° *Administration légale.* — Tant que dure le mariage, le père administre seul les biens de ses enfants mineurs ; il passe les baux, perçoit les loyers, vend les récoltes, etc.

Ce n'est que quand le mariage est dissous, soit par la mort de l'un des époux, soit par le divorce, que l'administration légale cesse pour faire place à la tutelle, dont il sera parlé plus loin.

(1) Sauf dans les cas suivants : 1° quand le père est remarié ; 2° lorsque l'enfant a des biens personnels ou lorsqu'il exerce un état. La mère survivante ne peut user du droit de correction que par voie de réquisition, et avec le concours des deux plus proches parents paternels. Si elle se remarie, elle perd ce droit.

2° *Droit de jouissance légale* (1). — Le père (2) a sur les biens de ses enfants un droit de jouissance légale. Il doit employer les fruits qu'il perçoit à leur nourriture, à leur éducation et à leur entretien ; il doit en outre faire divers autres prélèvements indiqués par la loi, tel que le montant des réparations ordinaires des immeubles. Mais ce qui reste, sur les revenus, une fois ces déductions opérées, lui appartient en propre.

Cette jouissance porte sur tous les biens des enfants, sauf quelques exceptions, notamment, les biens acquis par le travail, ou les biens donnés à l'enfant sous cette condition qu'ils ne seront pas soumis au droit de jouissance.

La jouissance légale cesse, principalement :

1° Lorsque l'enfant atteint l'âge de 18 ans ;

2° Lorsque l'enfant est émancipé.

§ 2. — Droits et devoirs, dans les rapports des deux époux. — L'autorité maritale.

I. — *Devoirs réciproques des époux.*

Les époux se doivent mutuellement fidélité, secours, assistance.

Le devoir de fidélité est sanctionné par la poursuite et la condamnation de l'époux coupable d'adultère.

Le devoir de secours et d'assistance est garanti par l'obligation alimentaire dont nous avons fait connaître les règles plus haut.

De plus, la violation de l'un de ces devoirs fait naître au profit de l'époux qui en a été victime, le droit de demander, contre son conjoint, la séparation de corps ou le divorce.

II. — *Droits du mari sur la femme. Autorité maritale.*

La loi a conféré au mari, sur sa femme, un certain nombre

(1) Ce droit de jouissance diffère de l'usufruit ordinaire, en ce que : 1° le père n'est tenu ni de faire inventaire, ni de fournir caution ; 2° le père ne peut pas, comme l'usufruitier ordinaire, vendre son droit de jouissance légale.

(2) Tant que dure le mariage, et la mère survivante, au cas de prédécès du père.

de droits dont l'ensemble constitue ce qu'on appelle l'autorité ou la puissance maritale.

Les conséquences qui résultent de l'autorité maritale sont les suivantes :

1° L'obligation pour la femme de se soumettre à la volonté de son mari ;

2° L'obligation pour la femme d'habiter avec son mari et de le suivre partout où il juge à propos de résider ;

3° L'incapacité de la femme mariée.

Comme compensation de ces prérogatives, la loi déclare que le mari doit protection à sa femme.

Incapacité de la femme mariée. — La femme mariée est incapable, en ce sens qu'elle ne peut faire aucun acte important de la vie, sans être autorisée, d'une façon spéciale, par son mari.

Cette incapacité est une conséquence directe de la puissance maritale. Le mariage formant une société entre deux personnes, et l'homme étant le chef naturel de cette association, il était important d'assurer l'unité de direction, à l'intérieur du ménage, en ne permettant pas qu'un acte de gestion pût être fait par la femme sans l'assentiment du mari.

Étendue de cette incapacité. — Cette incapacité s'étend aux actes judiciaires et aux actes extra-judiciaires :

Aux actes judiciaires, c'est-à-dire, que la femme ne peut *ester* en justice, soit comme demanderesse, soit comme défenderesse, sans l'autorisation du mari ;

Aux actes extra-judiciaires, tels que donations, ventes, échanges, constitutions d'hypothèques, etc.

En principe, l'autorisation que donne le mari, doit être spéciale à tel acte déterminé.

Par exception : 1° il peut donner à sa femme, dans le contrat de mariage, le droit de faire des actes d'administration relativement à ses biens propres ; c'est ce qui se produit, ainsi que nous le dirons plus loin, lorsqu'elle choisit comme régime matrimonial, le régime de séparation de biens ; 2° il peut donner à sa femme l'autorisation de faire le commerce : elle acquiert par là la capacité de faire, sans autorisation spéciale, tous les actes concernant son négoce, même des ventes d'immeubles ou des constitutions d'hypothèques.

Lorsque le mari refuse son autorisation à la femme, celle-ci peut s'adresser au tribunal civil, et faire valablement l'acte avec son autorisation. Cependant, l'autorisation de justice serait insuffisante, pour permettre à la femme de faire le commerce.

Sanction de l'incapacité de la femme. — Si une femme mariée fait un acte sans autorisation de son mari, l'acte est entaché de nullité. La femme, son mari, et leurs héritiers peuvent en demander la nullité.

Comment cesse l'autorité maritale ? — L'autorité maritale cesse :

1° Par la dissolution du mariage, au cas de mort de l'un des époux, ou de divorce ;

2° Par la séparation de corps, depuis la loi du 6 février 1892.

D'après cette dernière loi, en effet, en cas de séparation de corps, la femme peut avoir un domicile séparé de celui de son mari, et elle est affranchie de la nécessité de demander son autorisation pour faire tous les actes, soit judiciaires, soit extra-judiciaires.

Appendice : — Légitimité des enfants. — Enfants naturels. — Les enfants légitimes sont ceux qui sont conçus ou nés pendant le mariage de leurs père et mère.

Les enfants naturels sont ceux qui sont conçus ou nés, de père et mère non mariés.

La filiation naturelle est constatée par un acte appelé *reconnaissance*. La reconnaissance peut résulter de l'aveu spontané du père ou de la mère dans un acte authentique, ou d'un jugement du tribunal rendu sur la demande de l'enfant.

L'intérêt de la distinction des enfants légitimes et des enfants naturels apparaît surtout, en matière de succession (1).

(1) Voir *infrà*.

L'enfant naturel peut sortir de la situation inférieure où sa naissance l'a placé, par la *légitimation*, résultant du mariage de son père et de sa mère, qui lui confère tous les droits de l'enfant légitime, ou par l'adoption dont il a été parlé plus haut.

RÉSUMÉ 17. — Constitution de la famille.

III. — DROITS ET DEVOIRS DANS LA FAMILLE.

- **1. Entre parents et enfants.**
  - 1° *Devoirs.*
    - a. *Des parents.*
      - Nourrir, entretenir et élever leurs enfants.
      - Pas d'obligation de dot.
    - b. *Des enfants.*
      - 1° Honneur et respect à tout âge.
      - 2° Demander consentement pour mariage.
      - 3° Obligation alimentaire.
      - 4° Subir la puissance paternelle.
  - 2° *Droits.*
    - a. De *succession* réciproque des parents et des enfants.
    - b. *Autorité paternelle.*
      - 1° Sur la personne de l'enfant.
        - 1° Droit de garde.
        - 2° Droit de correction.
      - 2° Sur les biens.
        - 1° Administration légale.
        - 2° Jouissance légale.

II. Entre époux.

- 1° *Devoirs réciproques.*
  - a. *Fidélité.*
  - b. *Secours.*
  - c. *Assistance.*
  - d. *Sanction* : Séparation de corps et divorce.
- 2° *Droits réciproques.*
  - Droit de succession au profit du conjoint survivant.
- 3° *Droits du mari ou autorité maritale.*
  - a. *Devoir* d'obéissance de la femme;
  - b. *Obligation* de suivre son mari;
  - c. *Incapacité de la femme mariée.*
    - Elle ne peut faire aucun acte, sans l'autorisation spéciale de son mari;
    - *Sanction* : Nullité des actes faits sans cette autorisation.
  - d. *L'autorité maritale cesse.*
    - 1° avec le mariage;
    - 2° par la séparation de corps.

CHAPITRE III. — PROTECTION DES INCAPABLES.

Jouissance et exercice des droits civils. — Il est un certain nombre d'individus qui, à raison de leur âge, ou de l'altération de leurs facultés mentales, sont dans l'impossibilité de gérer eux-mêmes leurs affaires d'une façon convenable ; la loi s'est préoccupée de les entourer de sa protection. Elle les a déclarés *incapables*, et a placé auprès d'eux des personnes chargées de prendre en main la défense de leurs intérêts.

Ces personnes ont la jouissance de tous les droits civils, c'est-à-dire qu'ils peuvent acquérir des droits de toutes sortes, être propriétaires, créanciers, etc.

Mais l'exercice des droits civils, ou bien, leur fait complètement défaut, ou bien, est limité par certaines règles spéciales ; c'est-à-dire qu'ils ne peuvent pas accomplir librement les actes juridiques tendant, soit à l'acquisition, soit à la perte d'un droit.

Enumération des incapables. — Ces incapables sont :

1° Les mineurs ;

2° Les mineurs émancipés ;

3° Les interdits ;

4° Les aliénés placés dans un asile ;

5° Les prodigues et les faibles d'esprit.

§ 1. — Des mineurs (Tutelle).

Définition. — Le mineur est toute personne qui n'a pas atteint l'âge de 21 ans accomplis.

Situation légale du mineur. — Tant que le mineur a son père et sa mère, ainsi que nous l'avons vu, ses biens sont administrés par son père.

Lorsque son père ou sa mère meurt, l'administration légale cesse et la tutelle s'ouvre.

Des différents organes de la tutelle. — La tutelle des mineurs comprend quatre organes principaux :

1° Le tuteur, chargé de représenter le mineur et d'agir à sa place ;

2° Le subrogé tuteur, ayant pour fonction de contrôler les actes du tuteur, et, au besoin, de le remplacer, et de traiter avec lui au nom du mineur, lorsque les intérêts de ce dernier et ceux du tuteur se trouvent en opposition ;

3° Le Conseil de famille, qui constitue une assemblée délibérante, chargée, dans certaines circonstances, de désigner le tuteur, nommant le subrogé tuteur, et autorisant le tuteur à faire certains actes ;

Le Conseil de famille est composé de 7 personnes : le juge de paix président, et six parents pris, autant que possible, moitié dans la ligne paternelle, moitié dans la ligne maternelle.

4° Le tribunal civil, qui exerce un pouvoir tutélaire, et intervient pour homologuer les délibérations du Conseil de famille pour les actes les plus importants.

Dévolution de la tutelle. — Il y a quatre espèces de tutelle :

1° La tutelle légale du survivant des père et mère ;

2° La tutelle testamentaire, déférée par le survivant des père et mère dans son testament ;

3° La tutelle des ascendants (aïeul paternel d'abord, à défaut, aïeul maternel, etc.) ;

4° La tutelle déférée par le Conseil de famille.

Fonctions du tuteur. — Le tuteur est chargé de s'occuper de la personne du mineur et de ses biens :

Au point de vue de la personne, il a sur le mineur, le droit de garde, et dans une certaine mesure, avec l'assentiment du Conseil de famille, le droit de correction.

Au point de vue des biens, il agit à la place du mineur, comme un mandataire légal, et le représente dans tous les actes de la vie civile.

Etendue des pouvoirs du tuteur en ce qui concerne les biens. — Les pouvoirs du tuteur peuvent être ainsi déterminés :

1° Il y a des actes qu'il peut faire seul.

Exemple : percevoir les revenus du mineur, donner ses immeubles à bail, ce sont des actes d'*administration.*

2° Il y a des actes qu'il ne peut faire qu'avec l'autorisation du Conseil de famille.

Exemple : accepter une succession.

3° Il y a des actes pour lesquels, il faut l'autorisation du Conseil de famille et l'homologation du tribunal.

Exemple : vendre un immeuble, emprunter.

4° Il y a des actes qu'il ne peut faire.

Exemple : donner au nom du mineur.

Obligations du tuteur. — Le tuteur a trois ordres d'obligations :

1° A son entrée en fonctions, il doit faire inventaire, vendre les objets sujets à dépérissement, placer les sommes d'argent disponibles ;

2° Au cours de la tutelle, il doit gérer en bon père de famille ;

3° A la fin de la tutelle, il doit rendre des comptes au mineur.

Incapacité du mineur. — Le mineur est absolument incapable de faire par lui-même aucun acte de la vie civile ; il est toujours représenté par son tuteur (1). Il a bien la jouissance des droits civils, mais l'exercice de ces droits lui fait défaut.

Sanction de cette incapacité. — Si un mineur fait par lui-même un acte, cet acte n'est pas en principe nul pour ce seul motif. Il faut que l'acte ait causé au mineur une lésion.

Par exception, il pourra faire annuler l'acte, pour vice de forme, sans avoir à démontrer la lésion, s'il s'agit d'un de ces actes que le tuteur ne pourrait faire seul.

Fin de la tutelle. — La tutelle prend fin notamment :

1° Par la majorité du pupille ;

2° Par son émancipation.

§ 2. — Des mineurs émancipés (Curatelle).

Condition juridique des mineurs émancipés. — Les mineurs émancipés ont une demi-capacité, qui les place dans une situation intermédiaire entre le mineur ordinaire et le majeur.

Ils ne sont pas, comme les mineurs ordinaires, représentés par un tuteur ; ils agissent par eux-mêmes, mais ils sont assistés d'un curateur qui les aide des conseils de son expérience.

Sources de l'émancipation. — Il y a deux sortes d'émancipation :

1° L'émancipation *tacite* résultant de plein droit du mariage d'un mineur ;

2° L'émancipation *expresse* résultant d'une déclaration soit du père ou de la mère, soit du tuteur, avec l'autorisation du Conseil de famille, devant le juge de paix.

Capacité du mineur émancipé. — 1° Le mineur émancipé

(1) Sauf pour certains actes, tels que le mariage, la confection d'un testament après 16 ans, la reconnaissance d'un enfant naturel. Le mineur peut faire lui-même ces actes, parce que personne ne peut les faire à sa place.

peut faire seul, tous les actes de *pure* administration ; par exemple, recevoir ses revenus, faire un bail de neuf ans.

2° Il y a des actes pour lesquels, il a besoin du consentement de son curateur ; par exemple, recevoir son compte de tutelle, recevoir un capital.

3° Il y a des actes que le mineur émancipé ne peut faire qu'en accomplissant les formes prescrites pour le mineur ordinaire (avis du Conseil de famille et homologation du tribunal). Exemple : vente d'immeubles, emprunts.

Sanction des règles précédentes. — 1° Un mineur émancipé a fait un acte qu'il pouvait faire seul. Cet acte est valable ; mais, en cas d'excès d'acquisitions faites par le mineur, eu égard à sa fortune, le tribunal peut les réduire.

2° Un mineur émancipé a fait un acte qu'il ne pouvait faire qu'avec l'assistance du curateur. Il ne pourra faire annuler l'acte que s'il lui cause une lésion.

3° Il a fait un acte qu'il n'aurait pu faire avec la seule assistance du curateur. L'acte est nul pour vice de forme, sans qu'il y ait à démontrer la lésion.

§ 3. — Des interdits (Tutelle).

Définition de l'interdiction. — L'interdiction est une mesure de protection organisée par la loi pour sauvegarder les intérêts des personnes, qui se trouvant dans un état habituel d'imbécillité, de démence et de fureur, ne peuvent administrer elles-mêmes leur patrimoine.

Procédure d'établissement de l'interdiction. — L'interdiction est prononcée par un jugement du tribunal civil sur la demande des parents de l'aliéné, et dans certains cas exceptionnels, sur l'initiative du ministère public, après avis du Conseil de famille, interrogatoire en Chambre du conseil, et s'il y a lieu, après une enquête.

Effets de la mesure d'interdiction. — L'interdiction a pour conséquence de placer l'interdit en tutelle, comme le mineur.

Les règles de la tutelle du mineur s'appliquent à l'interdit, sauf certaines différences, dont la plus importante consiste en ce que les revenus de l'interdit doivent être, non pas capitalisés, comme ceux du mineur, mais utilisés à le soigner et à hâter sa guérison, s'il est possible.

Incapacité de l'interdit. — L'interdit, comme le mineur, est privé de l'exercice de ses droits civils, il n'en conserve que la jouissance ; il ne peut faire par lui-même aucun acte de la vie civile.

Sanction de cette incapacité. — Les actes faits par l'interdit, après le jugement d'interdiction, sont nuls de droit ; ils doivent être annulés par les tribunaux, sans que l'interdit ait à faire la preuve de la lésion, comme le mineur.

Même les actes faits avant le jugement d'interdiction peuvent être annulés, si la cause de l'interdiction existait notoirement à ce moment.

§ 4. — Aliénés placés dans un asile.

Loi du 30 juin 1838. — Une personne frappée d'aliénation mentale peut n'être pas l'objet d'une mesure d'interdiction, mais être simplement internée dans un asile d'aliénés.

La loi du 30 juin 1838 a déterminé les conditions de placement d'un individu dans un asile, et les conséquences qui en résultent au sujet de sa capacité juridique.

Placement dans un asile d'aliénés. — Le placement d'une personne dans un asile est subordonné à deux conditions :

1° Il faut une demande écrite émanant d'un parent ou même d'un ami, et faisant connaître l'identité exacte de la personne dont on demande l'internement ;

2° A cette demande doit être joint un certificat de médecin.

Il y a là une trop grande facilité qui peut donner lieu à des abus et amener des séquestrations arbitraires de personnes.

Administration des biens de l'interné. — La gestion des intérêts de l'aliéné dans un asile est répartie entre plusieurs personnes :

1° Un administrateur provisoire faisant partie de la commission administrative de l'asile ;

2° Le receveur de l'asile ;

3° Un mandataire *ad litem*, pour les procès à soutenir en justice;

4° Un curateur à la personne.

Incapacité de l'interné. — L'individu placé dans un asile ne peut faire aucun acte. Ceux qu'il ferait seraient nuls, comme ceux de l'interdit.

§ 5. — Prodigues et faibles d'esprit.

Sans être complètement aliéné, un individu peut être faible d'esprit, ou bien il peut être affligé d'une manie particulière qui le pousse à compromettre l'état de sa fortune en entamant son capital par des prodigalités.

La loi vient en aide à ces incapables, en leur adjoignant une personne, appelée, *Conseil judiciaire*, sans le consentement de laquelle, ils ne peuvent pas valablement accomplir un certain nombre d'actes limitativement déterminés : plaider, transiger, emprunter, etc.

RÉSUMÉ 18. — Protection des incapables.

I. Mineurs.

- 1° *Définition* : Toute personne qui n'a pas atteint l'âge de 21 ans.
- 2° *Organes de la tutelle.*
  - a. *Tuteur* représentant le mineur ;
  - b. *Subrogé-tuteur* contrôlant le tuteur ;
  - c. *Conseil de famille* autorisant certains actes ;
  - d. Tribunal de 1re instance homologuant certains actes.
- 3° *Dévolution de la tutelle.*
  - a. T. du survivant des père et mère ;
  - b. T. testamentaire ;
  - c. T. des ascendants ;
  - d. T. déférée par le Conseil de famille.
- 4° *Pouvoirs du tuteur.*
  - a. Sur la personne du pupille (Droits de garde, de correction).
  - b. Sur les biens du pupille (mandataire légal. — Actes permis ou interdits).

I. Mineurs. (*suite.*)

- 5° *Obligations du tuteur.*
  - a. au début : Inventaire, vente.
  - b. au cours : gérer en bon père de famille.
  - c. à la fin : Rendre ses comptes.
- 6° *Fin de la tutelle.*
  - a. Majorité à 21 ans.
  - b. Emancipation.

II. Mineurs émancipés.

- 1° Jouissent d'une demi-capacité, intermédiaire entre le mineur ordinaire et le majeur.
- 2° *Sources de l'émancipation.*
  - a. *Expresse* : Volonté des père et mère ou tuteur, exprimée devant juge de paix.
  - b. *Tacite* : Mariage du mineur.
- 3° *Capacité.*
  - a. Peut faire seul les actes de pure administration ;
  - b. Pour d'autres, il lui faut le consentement de son *curateur*.
  - c. Pour d'autres enfin, mêmes formalités que pour le mineur ordinaire.

III. Interdits judiciaires.

- 1° *Interdiction.* — Mesure de protection en faveur de certaines personnes en état habituel d'imbécillité, de démence ou de fureur.
- 2° *Procédure.*
  - a. Requête au tribunal ;
  - b. Avis du Conseil de famille ;
  - c. Interrogatoire en Chambre du conseil et enquête ;
  - d. Jugement du tribunal de 1re instance ;
- 3° *Effets.* En tutelle, comme le mineur, et nullité de leurs actes.

IV. Aliénés dans un asile.

- 1° Loi du 30 juin 1838. — Demande d'un parent ou ami. Certificat de médecin.
- 2° *Biens.* — Administrés par plusieurs personnes.
- 3° Nullité de leurs actes.

V. Prodigues et faibles d'esprit.

- *Conseil judiciaire.* — Personne sans l'avis de laquelle ils ne peuvent faire aucun acte.

CHAPITRE IV. — CONSTATATION DES PRINCIPAUX FAITS DE LA VIE CIVILE. — ACTES DE L'ÉTAT CIVIL.

Définitions. — L'état *civil* ou *privé* d'une personne est la position qu'elle occupe soit dans l'État, soit dans la cité, soit dans la famille.

Exemple : État de Français, de célibataire, de père, etc.

Les *actes* de l'état civil sont des écrits qui constatent les faits relatifs à l'état civil des personnes : la *naissance*, le *mariage* et la *mort*.

Division. — Nous étudierons :

1° Les règles communes à tous les actes de l'état civil ;

2° Les règles spéciales aux actes de naissance, de mariage et de décès.

§ 1. — Règles communes à tous les actes de l'état civil.

Historique. — Avant 1789, c'était le clergé qui constatait les naissances, les décès et les mariages. La révolution a laïcisé les actes de l'état civil et en a confié la rédaction au maire, dans chaque commune.

Personnes qui interviennent dans la rédaction des actes de l'état civil. — Les personnes qui interviennent dans la rédaction des actes de l'état civil sont :

1° L'officier de l'état civil, chargé de recevoir les déclarations et de rédiger l'acte ;

2° Les déclarants ou comparants, qui font les déclarations relatives au fait qu'il s'agit de constater ;

3° Les témoins qui attestent la sincérité des déclarations.

Toute personne, même une femme, ou un mineur, peut jouer le rôle de déclarant.

Pour être témoin, au contraire, il faut être du sexe masculin, âgé de 21 ans ; peu importe qu'on soit Français ou étranger, parent ou non des personnes intéressées à l'acte.

Des registres de l'état civil. — Pour assurer la conservation des actes de l'état civil, la loi enjoint de les inscrire sur des registres ; ils ne peuvent être rédigés sur feuilles volantes.

Ces registres sont tenus en double. L'un des doubles reste à la mairie, l'autre au greffe du tribunal.

Il peut y avoir un seul registre pour tous les actes de l'état civil, naissances, mariages et décès, ou des registres spéciaux pour chacun de ces actes.

Extraits des actes de l'état civil. — On entend par extraits des actes de l'état civil, des copies ou expéditions des actes, délivrées par l'officier de l'état civil, et certifiées conformes par le président du tribunal.

Toute personne peut se faire délivrer des extraits de ces actes, moyennant la rétribution établie par la loi, sans avoir à justifier d'aucun titre. C'est en cela que consiste la publicité des registres de l'état civil (1).

Les extraits ont la même force probante que les actes originaux. Ils font foi jusqu'à inscription de faux ; c'est-à-dire que pour faire tomber la preuve qui en résulte, il faut démontrer que l'officier de l'état civil a commis un faux.

Preuve des actes de l'état civil. — En principe, on ne peut faire la preuve des actes de l'état civil qu'à l'aide des extraits des registres.

Par exception, la preuve par papiers domestiques, lettres missives, ou par témoins est recevable lorsque les registres ont été perdus, détruits (comme en 1871 sous la Commune de Paris), ou n'ont pas été tenus.

Rectification des actes de l'état civil. — Lorsqu'un acte de l'état civil a été mal rédigé, lorsqu'il contient une erreur, même simplement matérielle, telle qu'un nom mal orthographié, le sexe de l'enfant mal indiqué, l'officier de l'état civil n'a pas qualité pour corriger de son chef cette erreur. La partie intéressée doit adresser une requête au tribunal qui prononcera un jugement autorisant l'officier de l'état civil à opérer la rectification demandée.

(1) Il en est différemment des actes notariés que le notaire ne doit pas communiquer aux tiers, sans une autorisation formelle des parties intéressées.

§ 2. — Règles spéciales à chacun des actes de l'état civil.

Actes de naissance. — Toute naissance doit être déclarée à la mairie dans les trois jours et l'enfant doit être présenté à l'officier de l'état civil, sauf dans le cas où son transport mettrait sa vie en péril, auquel cas ce serait l'officier de l'état civil qui devrait se rendre auprès de l'enfant.

La déclaration doit être faite par le père, ou à défaut, par l'une des personnes qui ont assisté à l'accouchement ; par la personne chez qui a eu lieu l'accouchement, si la mère n'était pas à son domicile.

L'acte est dressé par l'officier de l'état civil en présence de deux témoins. Il énonce le jour, l'heure et le lieu de naissance, le sexe de l'enfant et les prénoms qui lui seront donnés, les prénoms, noms, profession et domicile des père et mère, et ceux des témoins (art. 57).

Actes de mariage. — Nous n'avons qu'à renvoyer aux explications que nous avons données à l'occasion du mariage (Voir *suprà*, p. 100).

Actes de décès. — Les actes de décès sont dressés sur les déclarations, s'il est possible, des deux plus proches parents ou voisins, qui sont à la fois déclarants et témoins ; lorsqu'une personne est décédée hors de son domicile, la déclaration est faite par celui chez qui elle est décédée et par un parent ou voisin. L'acte de décès contient les prénoms, nom, âge, profession et domicile de la personne décédée et autres mentions énumérées à l'article 79.

Mais il ne doit pas contenir, comme l'acte de naissance, l'indication du jour ni de l'heure du décès. Cette indication offre en effet une grande utilité au point de vue des successions, et la loi a craint que la partie qui fait la déclaration du décès ne s'inspire uniquement de son intérêt, et non de la vérité, pour faire sa déclaration.

Exemple : un père et son fils unique meurent à des intervalles rapprochés.

Si le père est mort le premier, ses biens ont été dévolus au fils, et le fils venant à mourir après son père, transmet à sa mère, avec ses propres biens, la fortune de son père. Il en serait différemment dans le cas où le fils serait mort avant son père.

La question de prédécès ou de survie sera déterminé par la preuve testimoniale, ou d'après les constatations des médecins.

Appendice : — Du domicile. — ***Différence avec la résidence et l'habitation.*** — Il ne faut pas confondre ces trois expressions : domicile, résidence, habitation.

Le domicile est le lieu où la personne a son principal établissement, le centre de ses affaires et de ses intérêts, c'est le siège légal de la personne.

La résidence est le lieu où la personne se trouve habituellement.

L'habitation est le lieu où la personne vit au moment où l'on parle.

Exemple : un commerçant a son magasin à Paris ; il demeure à Versailles, avec sa famille et pendant une partie de l'année, il voyage pour ses affaires.

On dira qu'il a son domicile à Paris, sa résidence à Versailles, et qu'il habite là où il se trouve aux divers moments de son existence.

Importance du domicile. — Le domicile d'une personne est important à connaître, pour un grand nombre d'actes. C'est là qu'on doit se marier, là que la succession s'ouvre, là que le débiteur doit être assigné en justice.

Domicile élu. — Le domicile dont nous venons de parler est le *domicile réel*. Quelquefois deux personnes, faisant un contrat, choisissent une ville où les difficultés, auxquelles l'exécution du contrat pourra donner lieu, devront être réglées. Ce domicile est appelé *domicile élu*. L'élection d'un domicile est ordinairement faite chez une personne (un notaire, ou un avoué) ; elle attribue compétence au tribunal de la ville qui a été choisie.

RÉSUMÉ 19. — Constatation des principaux faits de la vie civile.
(Actes de l'état civil).

I. Etat civil. — *Définition.* — Position qu'une personne occupe dans l'Etat, dans la cité, ou dans la famille (Français, marié, etc.).

II. Règles communes à tous les actes.

- 1° *Personnes qui interviennent*
  - a. Officier de l'état civil ;
  - b. Parties ;
  - c. Comparants ou déclarants ;
  - d. Témoins.
- 2° *Registres.* — Tenus en double.
  - L'un pour la mairie ;
  - L'autre pour le greffe du tribunal.
- 3° *Extraits des actes.*
  - a. Délivrés à tout requérant ;
  - b. Font foi jusqu'à inscription de faux.
- 4° *Rectification des actes.* — Ne peut avoir lieu qu'en vertu d'un jugement du tribunal civil.

III. Règles spéciales.

- 1° *Actes de naissance.* — Déclaration dans les 3 jours.
- 2° *Actes de mariage.* — Rédaction séance tenante.
- 3° *Actes de décès.* — Ne doivent pas contenir l'indication du jour ni de l'heure.

IV. Appendice.

- *Domicile.*
  - Importance de ne pas confondre le *domicile*, la *résidence* et l'*habitation.*
  - Du *domicile d'élection.*

CHAPITRE V. — NOTION DE LA PERSONNALITÉ CIVILE. LES SOCIÉTÉS CIVILES ET LES SOCIÉTÉS COMMERCIALES.

Division. — Cette section sera divisée en deux paragraphes :

§ 1. Notions de la personnalité civile.

§ 2. Des sociétés civiles et des sociétés commerciales.

§ I. — Notion de la personnalité civile.

Définition. — Une personne morale est un être de raison, capable de posséder un patrimoine et de devenir le sujet des droits et des obligations relatifs aux biens.

Ce sont des créations de la loi, qui ne peuvent exister qu'en vertu d'une autorisation, soit générale, soit spéciale du législateur.

Diverses catégories de personnes morales. — On peut ranger les personnes morales en deux catégories :

1° Les personnes morales du droit administratif ;

2° Les personnes morales du droit privé.

Personnes morales du droit administratif. — Les personnes morales du droit administratif sont celles qui se rattachent, de près ou de loin, à l'organisation administrative de la France.

Elles se subdivisent elles-mêmes en deux classes :

1° Les établissements publics ;

2° Les établissements d'utilité publique ;

Établissements publics. — Les établissements publics sont ceux qui font partie intégrante de l'organisation administrative, ou se rattachent à certaines parties de cette organisation de la façon la plus étroite.

Citons : l'État ;

Le département ;

Les communes ;

Les sections de communes ;

Les syndicats de communes ;

Les hospices, les hôpitaux ;

Les bureaux de bienfaisance, etc.

Établissements d'utilité publique. — Les établissements d'utilité publique sont des associations formées par de simples particuliers, et qui ont été investies de la personnalité civile, en raison de l'intérêt général qu'elles présentent; ils diffèrent des établissements publics, en ce qu'ils sont en dehors de notre organisation administrative.

Personnes morales du droit privé. — Ce sont les sociétés commerciales, qui sont considérées d'une façon générale comme personnes morales, sans qu'une loi spéciale soit nécessaire.

§ 2. — Des sociétés civiles et des sociétés commerciales.

Critérium. — Une société est un contrat par lequel deux ou plusieurs personnes mettent quelque chose en commun dans le but de partager le bénéfice qui pourra en résulter.

En principe, on considère comme sociétés commerciales, seulement les sociétés qui sont formées en vue de faire des opérations commerciales. Exemples : L'achat de marchandises pour les revendre avec l'esprit de spéculation, l'entreprise des transports par terre ou par eau, etc.

Depuis la loi du 1er août 1893, on doit, en outre, considérer comme sociétés commerciales, les sociétés établies en vue de faire des opérations civiles, qui empruntent aux sociétés commerciales la forme de sociétés par actions (telles que sociétés anonymes ou sociétés en commandite par actions).

Différences essentielles entre les sociétés commerciales et les sociétés civiles. — Entre les sociétés commerciales et les sociétés civiles, il y a une différence essentielle : les sociétés commerciales constituent des personnes morales, tandis que les sociétés civiles ne sont pas des personnes morales.

De cette différence capitale résulte une série de conséquences dont voici les principales :

a) Dans une société commerciale, les objets qui composent le fonds social, appartiennent à la société, et non aux associés.

Au contraire, dans une société civile, ces objets appartiennent en copropriété aux associés, en proportion des apports que chacun d'eux a mis dans la société.

b) Dans une société commerciale, le droit des associés consiste dans le droit de partager les bénéfices sous forme de dividendes en argent. Ce droit est donc toujours mobilier ; même quand le fonds social comprend des immeubles.

Au contraire, dans une société civile, les associés étant copropriétaires du fonds social, leur droit est mobilier ou immobilier, suivant que les objets qui composent le fonds social sont meubles ou immeubles.

c) La société commerciale peut être déclarée en faillite. Il n'en est pas de même de la société civile.

d) La société commerciale est soumise pour sa formation à des conditions de publicité que la loi n'exige pas pour les sociétés civiles.

Des diverses espèces de sociétés commerciales. — Sociétés par intérêt et sociétés par actions. — Les sociétés commerciales peuvent être divisées en deux groupes : les sociétés par intérêt, et les sociétés par actions.

Le type le plus parfait de la société par intérêt est la société en nom collectif ;

Le type le plus pur de société par actions est la société anonyme.

A côté de ces deux types, il y a une forme intermédiaire, la société en commandite, qui peut être par intérêt ou par actions.

Société par intérêt (société en nom collectif). — La société par intérêt, — en prenant pour type la société en nom collectif, — est caractérisée par cette règle que les associés s'engagent personnellement et solidairement, non seulement à concurrence de l'apport qu'ils ont déclaré mettre dans la société, mais indéfiniment et sur tous leurs biens, des obligations contractées par la société.

Une pareille société ne peut se former qu'entre personnes se connaissant très bien et ayant confiance les unes dans les autres.

Dans cette société, un associé ne peut, en conséquence, mettre une autre personne à sa place en lui vendant sa part d'associé, ou *intérêt*.

Si l'un des associés meurt, la société ne se continue pas entre les associés qui restent et les héritiers de l'associé défunt. La société se dissout.

C'est ce qu'on exprime en disant que l'*intérêt* n'est ni cessible, ni transmissible aux héritiers.

Une pareille espèce de société ne peut convenir qu'à des

opérations exigeant des capitaux peu considérables, et ne devant pas se prolonger pendant un long espace de temps.

Sociétés par actions. — Société anonyme. — Pour les opérations de longue haleine, nécessitant des capitaux importants, tels que le percement d'un canal interocéanique, l'établissement et l'exploitation de lignes de chemins de fer, on a imaginé une autre espèce de société, la société par actions, dont le type le plus pur est la société anonyme.

Un groupe de financiers ou d'industriels, ayant l'idée de se livrer à une entreprise considérable, détermine le capital qui paraît nécessaire à son succès. Le capital est divisé en fractions égales de 500, de 100, ou de 25 francs, qu'on appelle *actions*, et le public est invité à souscrire à ces actions, en vue de partager le bénéfice qui résultera de l'opération dont il s'agit.

La société se forme ainsi par la réunion de tous les capitaux affluant de tous côtés, sans qu'aucun associé, pas même les fondateurs, s'engage à répondre, en son nom, sur tous ses biens, des engagements contractés par la société. Ici les associés ne se connaissent pas, comme dans la société en nom collectif, et par conséquent, ils ne se choisissent pas parce qu'ils ont confiance les uns dans les autres. C'est plutôt une *société de capitaux* qu'une société de personnes.

Il suit de là, que chaque associé ou *actionnaire*, peut mettre une autre personne à sa place en vendant sa part d'associé, ou action.

Et si l'un des associés ou actionnaires meurt, la société ne se dissout pas, elle continue avec les héritiers du défunt.

C'est ce qu'on exprime en disant qu'à la différence de l'intérêt, l'action est cessible et transmissible. Bien mieux, la loi a donné des facilités très grandes aux actionnaires pour vendre leurs titres.

Si le titre est au porteur, il sera cédé par la simple tradition de la main à la main.

S'il est nominatif, il sera cédé par voie de transfert, c'est-à-dire par une mention inscrite sur les registres de la société, et par la délivrance d'un nouveau titre, au nom du nouvel actionnaire.

S'il contient la clause « à ordre »; il sera cédé par voie d'endossement, c'est-à-dire par la mention de la cession écrite par le cédant à l'ordre du cessionnaire, au dos du titre cédé.

C'est ce qu'on exprime en disant que les actions sont *négociables*.

La société dont nous parlons est appelée *anonyme*, précisément parce que dans cette société aucun des associés n'est tenu sur tous ses biens pour les engagements de la société; chacun d'eux ne risque que sa mise, représentée par le montant des actions qu'il possède; il n'y a pas, comme dans la société en nom collectif, une raison sociale faisant connaître aux tiers les noms des associés.

Société en commandite. — A côté de ces deux types parfaits des sociétés de personnes et des sociétés de capitaux, il existe une forme intermédiaire de société, connue sous le nom de *société en commandite.*

Cette espèce de société présente cette particularité qu'elle comprend deux catégories bien distinctes d'associés:

Les commandités;

Et les commanditaires.

Les commandités sont dans la même situation que les associés en nom collectif; ils sont tenus indéfiniment et solidairement des engagements contractés par la société. Leur nom figure dans la raison sociale de la société.

Les commanditaires, au contraire, ne sont pas tenus sur tous leurs biens; ils ne mettent dans la société, et ne risquent que le montant de leur mise.

La société en commandite se subdivise elle-même en deux espèces: la commandite simple ou par intérêt, et la commandite par actions.

La commandite est simple ou par intérêt, lorsque les commanditaires ne peuvent pas se substituer une autre personne en vendant leur part d'associé, ni transmettre cette part à leurs héritiers; en sorte que la société prend fin, tant par la mort des commandités que par celle des commanditaires.

La commandite est par *actions*, lorsque les commanditaires peuvent céder leur part d'associé, ou action, et la *négocier*, comme nous l'avons dit pour la société anonyme, et que cette part se transmet, à leur mort, à leurs héritiers. En sorte que la société en commandite par actions se dissout bien par la mort des commandités, mais non par celle des commanditaires.

Des actions et des obligations. — Lorsqu'une société par actions, (anonyme ou en commandite), a besoin de capitaux nouveaux pour étendre le champ de ses opérations, elle peut recourir à deux procédés : ou bien émettre de nouvelles actions, ou bien émettre des obligations. Il ne faut pas confondre ces deux sortes de titres, malgré les ressemblances qu'ils ont entre eux, au premier abord.

La différence essentielle, dont les autres ne sont que des conséquences, c'est que l'action est une part d'associé, tandis que l'obligation est une créance. L'actionnaire est un associé, l'obligataire, un simple créancier.

Il suit de là :

1° Que l'actionnaire n'a droit à un dividende que si la société a réalisé des bénéfices dans l'année ; et que le montant des dividendes est essentiellement variable, minime ou élevé, suivant que les affaires sociales ont prospéré ou non. Tandis que l'obligataire a toujours droit à l'intérêt de la somme qu'il a prêtée à la société, et l'intérêt qui lui est dû est invariable.

2° Qu'à la dissolution de la société, les obligataires sont payés avant les actionnaires ; le *capital action* répond du *capital obligation*.

RÉSUMÉ 20. — **De la Personnalité civile (Sociétés civiles et commerciales).**

I. Notions de la personnalité civile.	1° *Définition*. — Une personne morale est un être de raison, capable de posséder un patrimoine et de devenir le sujet des droits et des obligations relatifs aux biens.

I. Notions de la personnalité civile. (*suite*)

- 2° *Classification.*
  - *a. Personnes morales du Droit administratif.*
    - 1° Etablissements publics.
      - Etat.
      - Département.
      - Communes, etc.
    - 2° Etablissements d'utilité publique.
  - *b. Personnes morales du Droit privé.*
    - Sociétés commerciales.

II. Sociétés civiles et Sociétés commerciales.

- 1° *Critérium.*
  - Deux sortes de Sociétés *commerciales.*
    - 1° Ayant pour objet des opérations commerciales ;
    - 2° Sociétés ayant un objet civil, mais représentant la forme des Sociétés commerciales.
- 2° *Différence essentielle.*
  - La Société *commerciale* est une *personne morale.*
    - Conséquences.
      - 1° Part des associés toujours mobilière ;
      - 2° Faillite possible de la Société ;
      - 3° Publicité exigée pour la formation.
- 3° *Diverses sortes de Sociétés commerciales.*
  - *a.* Sociétés de *personnes.*
    - *Type parfait* : Société en nom collectif ;
    - Engagement solidaire et défini des associés ;
    - Intérêt ni cessible, ni transmissible.
  - *b.* Sociétés de *capitaux.*
    - *Type parfait* : Société anonyme.
    - Aucun associé n'est tenu au delà de sa mise.
    - Action cessible et transmissible.
  - *c.* Sociétés *intermédiaires.*
    - Société en commandite.

SECTION II. — Les biens.

Division de la section IIe. — La section IIe sera ainsi divisée :

Notions générales, distinction des biens et des droits.
Chapitre I. — Du droit de propriété ;
Chapitre II. — Des droits de créance ;
Chapitre III. — Des moyens de crédit.

NOTIONS GÉNÉRALES

Distinction des biens et des droits.

Définitions. — Au point de vue juridique, le mot *biens* s'entend de tout ce qui peut procurer à l'homme une utilité quelconque, un cheval, une maison, etc.

Le jurisconsulte n'étudie pas les choses en elles-mêmes, dans leurs propriétés intrinsèques, il les étudie au point de vue des droits, c'est-à-dire des facultés que l'homme peut exercer sur les choses.

Distinction des biens en meubles et en immeubles. — Le Code civil divise les biens en deux catégories :

Les meubles et les immeubles.

Cette distinction ne porte pas seulement sur les choses matérielles, mais aussi sur les droits qu'on peut avoir sur ces choses. En eux-mêmes, les droits ne sont ni mobiliers, ni immobiliers, puisqu'ils n'ont pas d'existence physique, et constituent de pures conceptions de l'esprit, mais, pour la commodité des règles à appliquer, la loi les a considérés comme mobiliers ou immobiliers suivant que la chose sur laquelle ils sont établis est un meuble ou un immeuble.

Ainsi Primus prête 1000 francs à Secundus qui s'oblige à les lui rembourser : Primus a un droit de créance contre Secundus pour 1000 francs ; l'objet de son droit étant un meuble, son droit est mobilier.

Au contraire, le droit d'usufruit d'une maison, est un droit immobilier.

Diverses espèces de meubles. — Il y a deux catégories de meubles :

1° Les meubles *par nature*, ce sont les choses matérielles qui peuvent se transporter ou qu'on peut transporter d'un lieu dans un autre.

Exemple : un cheval, une somme d'argent.

2° Les meubles par la *détermination de la loi*. Ce sont les droits qu'on peut avoir sur une chose mobilière (art. 529, C. civ.).

Ces droits sont notamment : les obligations (ou droits de créance) et les actions (ou moyens de faire valoir un droit en justice) ayant pour objet des sommes d'argent ou des objets mobiliers ; les rentes sur les particuliers ou sur l'État ; les actions dans les sociétés de capitaux, (sociétés anonymes ou en commandite par actions), et les intérêts dans les sociétés de personnes (sociétés en nom collectif ou en commandite par intérêt), même si la société est propriétaire d'immeuble, tant qu'elle n'est pas dissoute, en raison de la personnalité civile attachée aux sociétés commerciales. Ces valeurs mobilières ont acquis un développement considérable, par suite des progrès du commerce et de l'industrie, dans la seconde moitié de ce siècle (1).

Diverses espèces d'immeubles. — Il y a trois espèces d'immeubles :

1° Les immeubles par *nature* ; ce sont les choses matérielles qui ne peuvent pas se déplacer et qu'on ne peut déplacer.

Exemple : le sol, et les bâtiments élevés sur le sol.

2° Les immeubles par *destination* ; ce sont des objets mobiliers que la loi traite comme immeubles parce qu'ils sont affectés par le propriétaire à l'exploitation d'un fonds, — tels que les animaux servant à la culture, les ustensiles aratoires

(1) Rapprocher de ces explications les développements sur les sociétés commerciales *suprà*, page 139.

etc. —, ou parce qu'ils ont été attachés au fonds par le propriétaire, à perpétuelle demeure — par exemple, les glaces des appartements lorsque le parquet sur lequel elles sont attachées fait corps avec la boiserie.

3° Les immeubles par *l'objet auquel ils s'appliquent*; ce sont les droits établis sur des immeubles. Exemple, l'usufruit des choses immobilières (1).

(1) *Des biens dans leurs rapports avec ceux qui les possèdent.* — Au lieu d'appartenir à un simple particulier, un bien peut appartenir à l'État, au département ou à la commune, considérés comme personnes morales.

Une distinction fondamentale doit être alors faite. Certains de ces biens forment le domaine public, d'autres le domaine privé. Les biens du domaine public sont affectés à un usage public. Ils diffèrent des biens du domaine privé, en ce qu'ils sont *inaliénables* et *imprescriptibles*; inaliénables, c'est-à-dire qu'ils ne peuvent être aliénés; même en vertu de la loi, imprescriptibles, c'est-à-dire qu'en les possédant, même un temps immémorial, un particulier ne peut les prescrire.

Domaine de l'État. — Le domaine public de l'État comprend notamment : les routes nationales, les fleuves et rivières navigables et flottables, les rivages de la mer, les ports, havres, rades. — Son domaine privé comprend : les lais et relais de la mer, les bois et forêts de l'État, les immeubles affectés à un service public, tels que les palais nationaux (sauf controverse).

Domaine du département. — Le domaine public du département comprend les routes départementales. Son domaine privé comprend les immeubles affectés à un service public, tels que hôtels de préfecture, de sous-préfecture, tribunaux et Cours d'assises, prisons départementales, etc. (sauf controverse).

Domaine de la commune (administration, mode de jouissance, aliénation, interdiction du partage entre les habitants). — Le domaine public de la commune comprend : les chemins vicinaux, les chemins ruraux, les places, rues et passages des villes ou villages, etc. Son domaine privé comprend deux catégories de biens : les biens *patrimoniaux* et les *biens communaux*. Le mode d'administration et de jouissance de ces deux catégories de biens n'est pas le même. Les biens patrimoniaux sont donnés à bail par la commune à des particuliers ; elle en tire des fruits *civils*. Les biens communaux, proprement dits, sont soumis à la jouissance en nature des habitants de la commune : ce sont les bois, les prairies, les landes, etc. — Les biens du domaine privé de la commune peuvent être

Distinction fondamentale des droits qu'on peut avoir sur une chose. — On ne peut avoir sur une chose que deux sortes de droits :

Ou bien un droit *réel*,

Ou bien un droit de *créance*, qu'on appelle aussi *droit personnel*.

Un droit réel est une faculté qui appartient à une personne de tirer *directement* d'une chose déterminée, tout ou partie de l'utilité juridique que cette chose est susceptible de procurer.

Un droit de créance est une faculté qui appartient à une personne d'exiger d'une autre personne déterminée une prestation quelconque consistant à donner, faire, ou ne pas faire quelque chose.

Exemple d'un droit réel : le droit de propriété sur un immeuble.

Exemple d'un droit de créance : le droit du locataire d'un immeuble à l'égard du bailleur, qui est tenu de le faire jouir du dit immeuble.

Différence essentielle entre le droit réel et le droit de créance. — Le droit réel s'exerce *directement* sur la chose qui forme l'objet du droit : directement, c'est-à-dire sans l'intermédiaire d'aucune autre personne.

Je suis propriétaire de l'immeuble A. Je l'habite, je le donne en location, je le vends, j'en fais l'usage qui me paraît le plus conforme à mes goûts et à mes intérêts, sans avoir à m'adresser à personne.

Au contraire, je vous ai prêté une somme de 1000 francs, que vous vous êtes engagé à me rendre au 1er janvier prochain, j'ai contre vous un droit de créance de 1000 francs. L'échéance arrive, puis-je prendre moi-même dans votre caisse la somme de 1000 francs que vous me devez? En aucune façon. Je devrai m'adresser à vous, et vous demander

aliénés par le maire en vertu d'une délibération du conseil municipal, approuvée par l'autorité supérieure.

Une commune pourrait-elle opérer le partage des biens communaux entre ses habitants? oui, quant à la jouissance ; non, quant à la propriété même de ces biens.

de me payer la somme due, et si vous ne vous exécutez pas, j'ai uniquement la faculté de saisir vos biens, de les faire vendre, et de me faire payer sur le montant du prix de vente.

En d'autres termes, le droit réel établit un rapport entre une personne, le titulaire du droit, et une chose, l'objet du droit.

Le droit de créance, au contraire, fait naître un rapport entre deux personnes, le titulaire du droit, ou créancier, et le sujet passif du droit, celui contre lequel le droit existe, ou débiteur, pour la prestation de la chose ou du fait, qui forme l'objet du droit.

Il y a deux termes dans le rapport créé par le droit réel :

Un sujet et un objet.

Il y en a trois dans le rapport établi par le droit de créance :

Un sujet actif, le créancier ;

Un sujet passif, le débiteur ;

Une prestation, l'objet du droit.

Supériorité du droit réel sur le droit de créance. — Le droit réel est supérieur au droit de créance par les deux attributs dont il est revêtu :

Le droit de préférence,

Et le droit de suite.

Le droit réel entraîne *droit de préférence*, au profit de son titulaire, c'est-à-dire qu'il s'exerce le premier, avant tout autre droit.

Exemple : Supposez qu'un commerçant ayant fait de mauvaises affaires, et se trouvant dans l'impossibilité de payer intégralement tous ses créanciers, soit déclaré en faillite.

Si vous avez contre le commerçant un simple droit de créance, vous subirez le concours de ses autres créanciers, vous ne recevrez que le paiement d'une partie de ce qui vous est dû.

Au contraire, si vous aviez mis en dépôt chez ce commerçant des meubles dont vous étiez resté propriétaire, vous pourrez exercer votre droit, d'une façon complète, à l'encontre des créanciers de la faillite, par voie de revendication.

Le droit réel entraîne *droit de suite*, c'est-à-dire qu'on peut suivre l'objet sur lequel on a un droit réel, entre les mains de tous ceux qui le détiennent, et le revendiquer à leur encontre.

Exemple : vous êtes propriétaire de l'immeuble A. En votre absence, votre voisin vend cet immeuble à Primus, en se faisant passer pour le véritable propriétaire. Cette vente ne préjudiciera en rien à votre droit de propriété, et vous pourrez revendiquer l'immeuble entre les mains de Primus.

Supposez au contraire que vous ayez un droit de créance de 1000 francs contre Primus. Comme toute fortune, Primus n'a que l'immeuble A, il le vend. Vous ne pourrez pas saisir cet immeuble entre les mains de son détenteur actuel, pour vous faire payer de ce qui vous est dû.

Enumération des droits réels. — A la différence des droits de créance dont l'objet peut varier à l'infini, le nombre des droits réels est limité d'une façon rigoureuse par la loi. Ils comprennent :

1° Le droit de propriété ;

2° Les démembrements de la propriété :

a) Usufruit ;

b) Usage ;

c) Habitation ;

d) Servitudes prédiales ou services fonciers ;

e) Privilèges et hypothèques.

RÉSUMÉ 21. — Les Biens.

NOTIONS GÉNÉRALES

- **I. Définition** : Tout ce qui sert à procurer à l'homme une utilité quelconque.
- **II. Distinction des biens.**
  - 1° *Meubles*
    - *a.* Par *nature.* M. corporels.
    - *b.* Par *détermination de la Loi.*
      - Droits sur les meubles ;
      - (Actions et obligations, valeurs mobilières).
  - 2° *Immeubles.*
    - *a.* Par *nature.* Le sol et ce qui adhère au sol.
    - *b.* Par *destination.*
      - 1° Objets mobiliers servant à la culture et à l'exploitation d'un fonds ;
      - 2° Objets placés à perpétuelle demeure.
    - *c.* Par l'*objet* auquel ils s'appliquent.
      - Droits sur les immeubles.
      - (Usufruit. Servitudes réelles, etc...).
- **III. Distinction des droits.**
  - 1° *D. réels.*
    - *a.* Facultés de tirer *directement* d'une chose l'utilité qu'elle peut procurer.
    - *b.* Entraînent.
      - 1° Droit de *préférence.*
      - 2° Droit de *suite.*
  - 2° *Énumération des D. réels.*
    - *a.* Propriété ;
    - *b.* Ses démembrements ;
    - *c.* Usufruit ;
    - *d.* Usage et habitation ;
    - *e.* Servitudes ;
    - *f.* Privilège et hypothèques.
  - 3° *D. de créance.*
    - Facultés pour une personne d'exiger d'une autre personne une prestation quelconque, donner, faire ou ne pas faire.

CHAPITRE PREMIER. — DU DROIT DE PROPRIÉTÉ.

Division du chapitre. — Nous diviserons ce chapitre en six paragraphes :

§ 1. — De l'étendue du droit de propriété.
§ 2. — De la possession comparée à la propriété.
§ 3. — Comment s'acquiert la propriété.
§ 4. — De l'inviolabilité de la propriété.
§ 5. — Des principaux démembrements de la propriété.
§ 6. — De la propriété littéraire et artistique.

§ 1. — De l'étendue du droit de propriété.

Définition. — La propriété est le droit qui appartient à une personne de tirer directement d'une chose déterminée toute l'utilité juridique que cette chose peut procurer.

C'est le type parfait du droit réel. Tous les autres n'en sont que des dérivés, des démembrements.

Avantages que confère le droit de propriété. — Le droit de propriété est un droit absolu. Il confère à son titulaire la faculté de faire de la chose tout ce qu'il veut :

1° Il a le droit de s'en servir (*jus utendi*) ;

2° Il a le droit de percevoir les fruits qu'elle peut produire (*jus fruendi*), soit en l'exploitant lui-même (fruits naturels et industriels), soit en la donnant en location (fruits civils) ;

3° Enfin, il peut faire de sa chose un usage non renouvelable, en la détruisant, en l'abandonnant ou en l'aliénant (*jus abutendi*).

§ 2. — De la possession comparée à la propriété.

Définition. — La possession est la détention matérielle d'une chose.

Il ne faut pas confondre la possession et la propriété. La propriété est le droit qu'on a sur une chose, la possession, le pouvoir physique qu'on exerce sur la chose.

Sans doute il arrive habituellement que c'est le propriétaire lui-même qui possède sa chose ; la propriété et la possession se trouvent ainsi réunies d'ordinaire entre les mêmes mains, c'est pour cela qu'on dit que la possession est le signe de la propriété.

Mais le contraire peut aussi se produire, l'un peut avoir la propriété, l'autre la possession.

Des deux degrés de la possession. — Il y a deux degrés dans la possession :

a) La simple détention ou possession précaire ;

b) La possession proprement dite.

Il y a *simple détention* ou *possession précaire*, lorsque la personne qui a le pouvoir physique sur une chose la possède, au nom du véritable propriétaire dont il reconnaît le droit. Exemple : le locataire, le fermier, etc.

Il y a *possession proprement dite*, lorsque celui qui possède, se prétend être propriétaire, et possède à ce titre, qu'il soit ou non le véritable propriétaire.

La possession proprement dite comprend deux éléments :

1° Un élément matériel ou physique ;

2° Un élément intellectuel.

C'est de la possession proprement dite que nous avons à nous occuper.

Des effets attachés à la possession. — Considérée en elle-même, indépendamment de la propriété, la possession produit des effets considérables.

1° *Acquisition des fruits par le possesseur de bonne foi.* — Celui qui possède un immeuble de bonne foi, s'en croyant le véritable propriétaire, acquiert les fruits de cet immeuble, dans les mêmes conditions qu'un propriétaire, alors même qu'il n'en aurait pas la propriété. Il n'a pas à les restituer au propriétaire, qui l'évince de l'immeuble.

Exemple : Primus achète de Secundus un immeuble appartenant à Tertius ; il possède cet immeuble pendant trois ans, de bonne foi, persuadé avoir acheté du véritable propriétaire, il perçoit les récoltes et les vend.

Si au bout de ce temps, Tertius revendique l'immeuble,

Primus, obligé de le lui rendre, n'aura pas à lui restituer le montant des fruits qu'il a recueillis depuis trois ans.

La loi tient compte de la bonne foi du possesseur, estimant qu'il serait trop rigoureux de lui faire rendre des revenus qu'il a dû employer aux besoins de son existence quotidienne, et considérant que le propriétaire a été négligent de ne pas réclamer plus tôt sa chose.

2° *De la règle : « En fait de meubles possession vaut titre ».* — En matière mobilière, la possession a une importance considérable, elle vaut titre de propriété, elle fait présumer la propriété sans qu'on puisse démontrer le contraire.

Pratiquement, cette règle entraine cette conséquence, qu'on ne peut revendiquer un meuble, puisqu'on ne peut établir, contre celui qui le possède, qu'il n'en est pas propriétaire.

Cette règle ne s'applique qu'aux meubles corporels, et aux titres au porteur.

Elle se justifie par cette considération que la propriété de ces objets se transmet de la main à la main, sans rédaction d'écrit, en sorte qu'on n'a jamais d'autre titre de son droit sur la chose que la détention même qu'on exerce sur elle. Cette règle est d'ailleurs indispensable pour la sécurité des transactions commerciales. En effet, vous achetez une montre chez un horloger, l'en croyant propriétaire puisqu'il la possède. Si vous pouviez être plus tard recherché par un tiers qui s'en prétendrait propriétaire, vous hésiteriez à acheter un objet quelconque, et le commerce se trouverait entravé.

3° *De la possession comme mode d'acquérir la propriété.* — La possession sert de base à deux modes d'acquérir la propriété, à l'occupation, et à la prescription acquisitive. C'est ce que nous verrons au paragraphe suivant (1).

Des actions possessoires. — Les actions *possessoires* sont des actions que peut exercer en justice le possesseur d'un immeuble, pour faire cesser le trouble apporté à sa possession, ou pour se faire réintégrer dans la possession d'un immeuble dont il a été violemment expulsé.

(1) Page 156.

On les oppose aux *actions pétitoires*, qui sont celles par lesquelles le véritable propriétaire d'un immeuble ou le titulaire d'un autre droit réel, usufruit ou servitude, tend à faire reconnaître son droit, qui a été méconnu ou violé.

L'action possessoire est de la compétence du juge de paix : l'action pétitoire, de la compétence du tribunal de 1re instance.

Des diverses actions possessoires. — Il y a trois actions possessoires : la complainte, la dénonciation de nouvel œuvre, et la réintégrande.

La *complainte* est l'action exercée par le possesseur troublé dans la possession de l'immeuble, pour faire cesser le trouble.

Exemple : Mon voisin pratique dans sa maison une ouverture, donnant sur ma propriété, à une distance moindre que la distance permise par la loi. Ce fait trouble ma possession ; je puis l'assigner devant le juge de paix, pour l'obliger à fermer la dite ouverture.

La *dénonciation de nouvel œuvre* est l'action qui tend à faire ordonner la suspension de travaux, qui, une fois achevés, causeraient un trouble à la possession du demandeur.

Exemple : Primus a une servitude de passage sur le fonds de Secundus. Celui-ci élève sur son fonds une construction, qui, une fois terminée, mettra obstacle à l'exercice de la servitude. Pour empêcher ce résultat, Primus prendra les devants, et fera la dénonciation de nouvel œuvre.

La *réintégrande* est l'action par laquelle le possesseur, expulsé violemment de l'immeuble qu'il détenait, tend à se faire réintégrer dans cet immeuble.

A la différence des deux premières actions, qui ne peuvent être exercées que par le possesseur proprement dit, la réintégrande appartient même au détenteur précaire, tel qu'un fermier ou un locataire.

§ 3. — Comment s'acquiert la propriété.

Classification des modes d'acquérir. — On distingue plusieurs modes d'acquérir la propriété :

1° *Modes d'acquérir à titre universel et à titre particulier.* — Un mode d'acquérir à titre universel est celui par lequel on acquiert un ensemble de biens ; un mode d'acquérir à titre particulier, celui par lequel on acquiert des objets déterminés, considérés d'une façon individuelle.

La succession est un mode d'acquérir à titre universel ; la vente, un mode d'acquérir à titre particulier.

L'intérêt pratique de cette distinction est le suivant : l'acquéreur à titre universel est tenu du paiement des dettes de son auteur ; il n'en est pas ainsi de l'acquéreur à titre particulier.

2° *Modes d'acquérir à titre gratuit et à titre onéreux.* — Un mode d'acquérir est à titre gratuit, lorsque l'acquéreur reçoit une chose sans rien donner en échange.

Un mode d'acquérir est à titre onéreux, lorsque celui qui reçoit quelque chose donne une autre chose comme équivalent.

La donation entre vifs et le legs sont des modes d'acquérir à titre gratuit, la vente, un mode d'acquérir à titre onéreux.

Enumération des modes d'acquérir. — La propriété s'acquiert par un certain nombre de modes que nous allons successivement passer en revue :

1° *L'occupation.* — Elle consiste dans la prise de possession d'une chose qui n'appartient à personne. Ce mode d'acquisition est dit *originaire*, parce que l'acquéreur ne tient pas son droit de propriété d'une autre personne, mais de lui-même.

D'un usage fréquent, dans les sociétés primitives, il est d'une application très rare aujourd'hui, la plupart des objets ayant un propriétaire. L'occupation n'apparaît guère qu'à l'occasion de la chasse, de la pêche, et de la découverte d'un trésor.

2° *L'accession*, ou mode d'acquérir basé sur cette idée que tout ce qui s'unit ou s'incorpore à une chose appartient au propriétaire de cette chose (art. 551).

Ainsi, l'île qui se forme au milieu d'un cours d'eau ni navigable ni flottable, l'alluvion qui se produit le long d'une rivière appartient aux riverains ; la construction élevée sur le sol d'autrui avec ses propres matériaux, ou avec les matériaux d'autrui sur son propre sol appartient au propriétaire du sol, etc.

3° *La succession ab intestat ou testamentaire*, dont il sera parlé plus loin ;

4° *La donation entre vifs.* — C'est un contrat par lequel une personne se dépouille actuellement et irrévocablement d'une chose au profit d'une autre personne, à titre de libéralité.

Pour être valable, la donation doit être faite par acte notarié ; lorsqu'elle porte sur les meubles, elle transfère la propriété au donataire, immédiatement ; lorsqu'elle a pour objet un immeuble, le donataire devient propriétaire de l'immeuble à l'égard du donateur, par le seul fait de la donation, mais à l'égard des tiers, le transfert de propriété n'est effectué qu'à partir de la transcription de l'acte de donation au bureau du conservateur des hypothèques.

Cette dernière formalité est exigée par la loi, pour que les personnes qui ont intérêt à connaître quel est le véritable propriétaire de l'immeuble à un moment donné, puissent être renseignées exactement, sur ce point, par le conservateur des hypothèques.

5° *L'effet de certaines conventions.* — En dehors de la donation entre vifs dont il vient d'être parlé, d'autres contrats ont pour effet d'opérer l'acquisition de la propriété ; par exemple, la vente, l'échange.

Les mêmes règles que nous avons fait connaître pour la donation au point de vue de l'acquisition des meubles et des immeubles, soit entre les parties, soit vis-à-vis des tiers, s'appliquent à ces deux contrats.

6° *La prescription.* — La prescription est un mode d'acquérir la propriété des immeubles par la possession prolongée pendant un certain temps et sous les conditions déterminées par la loi (art. 2219, C. civ.).

Il y a deux sortes de prescriptions acquisitives :

1° La prescription de 10 ou 20 ans ;

2° La prescription trentenaire.

1° *La prescription de 10 ou 20 ans.* — Le possesseur d'un

immeuble en devient propriétaire au bout de 10 ou 20 ans, lorsqu'il remplit les deux conditions suivantes :

1° Lorsqu'il a juste titre ;

2° Lorsqu'il est de bonne foi.

Le juste titre est tout acte juridique qui, s'il eût émané du véritable propriétaire, eût transféré la propriété.

Exemple : vous possédez un immeuble en vertu d'un juste titre, lorsque vous avez acheté cet immeuble d'une personne qui n'en est pas le véritable propriétaire.

La bonne foi est la croyance que celui qui vous a vendu était le véritable propriétaire de l'immeuble.

Le délai est de 10 ans, lorsque le véritable propriétaire est domicilié dans le ressort de la Cour d'appel où est situé l'immeuble, il est de 20 ans, s'il est domicilié hors dudit ressort.

2° *Prescription trentenaire.* — Le possesseur d'un immeuble n'en acquiert la propriété que par 30 ans, lorsqu'il n'a ni juste titre, ni bonne foi.

Fondement juridique de la prescription. — Au premier abord, la prescription semble être une spoliation légale du légitime propriétaire ; ce n'est là qu'une apparence. En réalité, c'est une institution qui consolide le droit de propriété, en rendant non seulement facile, mais possible, la preuve de ce droit.

Si la prescription n'existait pas, celui qui voudrait démontrer son droit de propriété devrait établir, qu'il tient l'immeuble du véritable propriétaire ; pour démontrer que son auteur était véritable propriétaire, il faudrait qu'il établît qu'il tenait lui-même son droit du propriétaire légitime, et remonter ainsi de proche en proche, toute la suite des acquéreurs successifs de l'immeuble jusqu'au premier occupant.

Grâce à la prescription, au contraire, la preuve de la propriété est toute simple. Il suffit qu'on démontre que vous avez possédé ou que votre auteur a possédé l'immeuble pendant trente ans.

§ 4. — De l'inviolabilité du droit de propriété. — Expropriation pour cause d'utilité publique.

Principe. — Le droit de propriété est inviolable, comme la personne, comme le domicile. C'est un des principes inscrits dans la Déclaration de 1789 et reproduit dans la plupart des Constitutions françaises de ce siècle.

Exception : expropriation pour cause d'utilité publique. — Cependant tout en proclamant cette règle, les lois ont dû y apporter une dérogation importante au nom de cette idée que l'intérêt général l'emporte toujours sur l'intérêt particulier. L'exception dont il s'agit est l'expropriation pour cause d'utilité publique.

C'est le droit pour l'administration de priver un particulier d'une chose qui lui appartient et de se l'approprier, quand l'intérêt général l'exige, moyennant une indemnité.

Garanties établies dans l'intérêt de la propriété en cas d'expropriation. — Mais pour que ce droit ne dégénérât pas en abus et ne pût servir à déguiser des actes de spoliation au détriment des citoyens, la loi du 3 mai 1841 a organisé un ensemble de mesures protectrices qui constituent autant de garanties pour le droit de propriété.

On peut les ramener aux règles suivantes :

1° L'expropriation n'est possible, que lorsque l'utilité publique en est constatée d'une façon non équivoque, par un décret ou par une loi, suivant l'importance des travaux qu'il s'agit d'exécuter.

2° Ce sont les tribunaux judiciaires, gardiens naturels du droit des particuliers, qui ont seuls qualité pour prononcer l'expropriation, lorsque le propriétaire se refuse à faire une cession amiable du terrain dont l'emprise est reconnue nécessaire.

3° Toute garantie est assurée au propriétaire, pour la fixation de l'indemnité qui devra lui être payée, en ce que le soin de déterminer cette indemnité est confié à un jury composé de citoyens indépendants.

4° Le paiement de l'indemnité doit être *préalable* à la prise de possession de l'immeuble par l'administration ; d'où il résulte une sûreté considérable pour le propriétaire.

§ 5. — Des principaux démembrements de la propriété.

Idée générale. — Nous avons vu (1) qu'à côté du droit de propriété, il existait d'autres droits réels qui n'en étaient que des démembrements, en ce qu'ils ne procurent pas à leur titulaire toute l'utilité, mais une partie seulement de l'utilité juridique dont la chose est susceptible.

Ces droits réels sont l'usufruit et les servitudes prédiales.

De l'usufruit. — L'usufruit est le droit de jouir d'une chose dont un autre a la propriété.

Il constitue un démembrement de la propriété, en ce que les attributs de ce droit, au lieu de se trouver réunis sur la même tête, sont divisés entre l'usufruitier et le nu propriétaire.

A l'usufruitier appartient : 1° le droit de se servir de la chose (*jus utendi*) ; 2° le droit de jouir de la chose et d'en percevoir les fruits (*jus fruendi*), soit qu'il le cultive lui-même, s'il s'agit d'un fonds de terre et qu'il en recueille les fruits naturels et industriels, soit qu'il le donne à bail et qu'il en touche un loyer ou fermage (fruits civils).

Au nu propriétaire appartient un simple titre, sans aucun profit réel, tant que dure l'usufruit : il peut bien vendre son droit, pour en faire argent, mais il n'a guère intérêt à le faire, parce que le prix qu'il en retirera sera dérisoire.

L'usufruit est un droit essentiellement temporaire, il prend fin par la mort de son titulaire.

A ce moment, le droit de se servir et de jouir de la chose revient au propriétaire, et le droit de propriété avec tous ses attributs se trouve reconstitué sur sa tête, dans toute son étendue, et de plein droit.

Servitudes. — Une servitude est une charge imposée sur un fonds pour l'usage et l'utilité d'un autre fonds appartenant à un autre propriétaire.

(1) *Suprà*, page 149.

Le fonds sur lequel est établie la servitude s'appelle *fonds servant* ; celui au profit duquel la servitude est établie s'appelle *fonds dominant.*

Exemples : le droit d'appuyer des constructions sur le mur du voisin, le droit de vue sur la propriété voisine, le droit de passer sur le terrain d'autrui, voilà autant d'exemples de servitudes.

. servitude est un démembrement de la propriété, parce qu'il procure à une personne le droit de tirer une certaine utilité de la chose d'une autre personne dont le droit de propriété se trouve ainsi limité, gêné dans son exercice.

Éléments constitutifs des servitudes. — Pour qu'un droit constitue une servitude proprement dite, il faut qu'il réunisse deux conditions ;

1° Il faut que le droit soit établi au profit d'un fonds, et non au profit d'une personne.

Ainsi le droit de passage accordé au propriétaire d'un fonds sur le fonds voisin est une servitude, parce qu'il augmente la valeur de ce fonds, en rendant son exploitation plus facile.

Le droit de pêcher, de chasser établi au profit du propriétaire d'un fonds sur un autre fonds n'est pas une servitude : c'est là un pur agrément confié à la personne du propriétaire, qui n'augmente en rien la valeur de son fonds.

2° Il faut que le droit soit établi à la charge d'un fonds et non à la charge d'une personne. Le propriétaire du fonds servant ne doit pas avoir à faire quelque chose, il faut qu'il n'ait qu'à laisser faire le propriétaire du fonds dominant.

Ainsi, l'engagement pris par le propriétaire d'un fonds de labourer le champ de son voisin, tous les ans, à une époque déterminée, ne constituerait pas une servitude.

Caractère perpétuel. — Notons enfin que, à la différence de l'usufruit, qui est un droit essentiellement temporaire, les servitudes sont perpétuelles : elles se transmettent activement et passivement avec le fonds dominant et le fonds servant.

Diverses espèces de servitude. — La loi distingue 3 espèces de servitudes (1) :

(1) On peut ajouter les servitudes légales d'utilité publique dont

1° *Les servitudes dérivant de la situation des lieux.* — C'est, par exemple, la nécessité pour le propriétaire d'un fonds inférieur de recevoir les eaux qui découlent naturellement du fonds supérieur.

2° *Les servitudes établies par la loi.* — La plus importante est la *mitoyenneté* (1).

/

les plus importantes sont relatives aux restrictions apportées par la loi à l'exercice du droit de propriété des riverains des grandes routes :

1° *L'alignement.* — On entend par là une mesure prise par l'administration à l'effet de déterminer exactement la ligne qui sépare la propriété riveraine du sol de la voie publique. Cette servitude impose aux propriétaires deux obligations importantes : 1° l'obligation de demander un alignement individuel pour faire une construction en bordure de la voie publique ; 2° l'obligation de demander une autorisation pour faire un travail même non confortatif à un mur de face.

2° *Servitude d'occupation temporaire, de fouilles, de ramassage et d'extraction de matériaux,* destinée à faciliter l'exécution des travaux publics en utilisant le terrain des riverains ;

3° *Servitudes militaires,* qui interdisent aux propriétaires d'élever des constructions dans un certain rayon des fortifications ;

4° *Servitude de halage et de marchepied,* pour faciliter la navigation sur les cours d'eau navigables et flottables, etc. (Voir pour plus de développement, *Manuel de droit administratif,* René Foignet, p. 201 et suivantes).

(1) On peut encore citer, comme servitudes légales d'utilité privée, à côté de la mitoyenneté :

1° *La servitude d'aqueduc,* destinée à faciliter l'irrigation des terres ; elle consiste dans la faculté pour tout propriétaire qui veut se servir pour ses propriétés des eaux naturelles ou artificielles dont il a le droit de disposer, de forcer le propriétaire intermédiaire à subir le passage des eaux sur son terrain, moyennant une juste et préalable indemnité (Loi du 29 avril 1845, art. 1er).

2° *La servitude d'appui,* ayant le même but que la précédente, qui consiste dans la faculté pour le propriétaire riverain d'un cours d'eau, ni navigable, ni flottable, d'établir un barrage sur la rive opposée pour produire, par une pente naturelle, l'écoulement des eaux sur son champ (Loi du 11 juillet 1847, art. 1er).

3° *La servitude de drainage,* pour permettre l'assainissement des terres humides, qui est le droit pour un propriétaire de conduire les eaux de son fonds, souterrainement, ou à ciel ouvert, à travers les propriétés qui séparent son fonds d'un cours d'eau ou de toute

Un mur est mitoyen d'abord lorsqu'il a été construit à frais communs par deux propriétaires voisins.

Il est *présumé* mitoyen, lorsqu'il sert de séparation entre bâtiments, jusqu'au toit, ou entre cours et jardins, ou entre enclos dans les champs.

Le mur mitoyen appartient en copropriété aux deux propriétaires voisins. Ils peuvent se servir de ce mur, pour y adosser des constructions, y faire placer des poutres, de façon à ne pas gêner l'exercice du droit identique qui appartient à l'autre propriétaire ; ils ne peuvent pas y pratiquer de jours, ni de vues.

3° *Les servitudes établies par le fait de l'homme.* — Ce sont celles dont un propriétaire peut grever sa propriété, au profit de la propriété d'une autre personne.

Le mode normal d'établissement des servitudes c'est la convention des parties, convention qui doit être transcrite sur les registres du conservateur des hypothèques, pour être opposable aux tiers. Cette formalité, que nous avons rencontrée plus haut pour l'acquisition de la propriété des immeubles, est exigée dans le même but de publicité, pour permettre aux personnes qui se rendent acquéreurs d'un immeuble de savoir s'il est grevé ou non de servitudes.

§ 6. — De la propriété littéraire, artistique et industrielle.

1° Propriété littéraire et artistique. — On entend par propriété littéraire le droit exclusif qui appartient à un auteur ou à un artiste sur l'ouvrage ou sur l'œuvre d'art qu'il a produite.

Seul, il a le droit d'en tirer parti, en le publiant, en le traduisant en une autre langue, s'il s'agit d'un livre, en la faisant représenter sur la scène, s'il s'agit d'une œuvre dramati-

autre voie d'écoulement, moyennant une juste et préalable indemnité.

4° *La servitude du bornage*, qui est le droit pour tout propriétaire de contraindre son voisin à établir par des signes apparents, à frais communs, la limite entre leurs propriétés contiguës. L'action en bornage est de la compétence du juge de paix.

que, en les faisant reproduire par la gravure, la photographie ou autrement, s'il s'agit de tableaux ou de statues.

Ce droit trouve sa sanction dans la poursuite en contrefaçon que l'auteur peut exercer contre toute personne qui porterait atteinte à son droit. Le contrefacteur encourt une amende, et une condamnation à des dommages-intérêts pour le préjudice que l'acte qu'il a commis cause à l'auteur ou à l'artiste.

A la différence du droit de propriété ordinaire, le droit, connu sous le nom de propriété littéraire et artistique, n'est pas perpétuel.

Il dure toute la vie de l'auteur ou de l'artiste ; mais, après sa mort, il ne profite au conjoint survivant ou aux héritiers que pendant 50 ans. Ce délai expiré, l'œuvre tombe dans le domaine public et tout le monde peut l'exploiter librement.

2° **La propriété industrielle.** — On entend par propriété industrielle le droit qui résulte pour le commerçant et pour l'industriel de la protection que la loi accorde aux brevets d'invention, aux marques de fabrique ou de commerce, aux dessins et modèles industriels et au nom commercial.

Brevet d'invention. — Le brevet d'invention est un certificat délivré par le ministre du commerce, qui assure à celui qui a découvert un produit ou un procédé nouveau de fabrication, le droit exclusif d'exploitation pendant un délai maximum de 15 ans, soit au point de vue de la fabrication, soit au point de vue de la vente.

Marques de fabrique. — Les marques de fabrique ou de commerce sont des signes emblématiques apposés sur des produits pour attester qu'ils sortent des ateliers de tel fabricant ou des magasins de tel commerçant.

Dessins et modèles. — Les dessins industriels sont toutes dispositions de lignes ou de couleurs, présentant une configuration distincte et reconnaissable, en dehors de tout procédé de fabrication :

Exemple : un dessin de robe, de chapeau etc.

Le modèle est, en quelque sorte, le dessin réalisé, et présentant des formes saillantes, dans l'espace.

C'est, par exemple, une robe, un chapeau, un manteau.

Les brevets d'invention, les marques de fabrique et de commerce, les dessins et les modèles industriels sont protégés par l'action en contrefaçon, que l'industriel ou le commerçant peut exercer contre celui qui y porte atteinte ; cette protection est subordonnée au dépôt de la marque, des dessins et des modèles au greffe du conseil des prud'hommes.

Nom commercial. — Quant au nom commercial et au nom des localités, ils sont protégés contre les contrefacteurs, par eux-mêmes de plein droit, sans l'accomplissement d'aucune formalité.

RÉSUMÉ 22. — Du Droit de Propriété.

- **I. Droit de propriété.**
  - 1° *Définition.*
    - Droit de tirer directement d'une chose déterminée toute l'utilité qu'elle peut procurer.
  - 2° *Attributs.*
    - *a.* User ;
    - *b.* Jouir ;
    - *c.* Détruire ou aliéner la chose.
- **II. De la possession.**
  - 1° *Définition.*
    - Pouvoir physique sur une chose.
    - La possession proprement dite comprend 2 éléments.
      - 1° Pouvoir physique.
      - 2° Intention de se prétendre propriétaire.
  - 2° *Effets juridiques.*
    - *a.* Acquisition des fruits par le possesseur de bonne foi.
    - *b.* En fait de meubles possession vaut titre.
    - *c.* Elle est un mode d'acquérir.
      - 1° Occupation ;
      - 2° Prescription.
    - *d.* Actions possessoires.
      - 1° Complainte ;
      - 2° Dénonciation de nouvel œuvre ;
      - 3° Réintégrande.

III. Comment s'acquiert la propriété.

- 1° *Différents modes.*
  - *a.* A titre universel et à titre particulier ;
  - *b.* A titre gratuit et à titre onéreux.
- 2° *Enumération.*
  - *a.* Occupation (mode originaire) ;
  - *b.* Succession *ab intestat* ou testamentaire ;
  - *c.* Donation entre vifs ;
  - *d.* Effets de certaines conventions ;
  - *e.* Prescription.

IV. Inviolabilité de la propriété.

- 1° Posée en principe par toutes les Constitutions depuis 1789.
- 2° *Exception.*
  - Expropriation pour cause d'utilité publique.
    - 1° Déclaration d'utilité publique ;
    - 2° Intervention des tribunaux judiciaires ;
    - 3° Fixation de l'indemnité par le jury ;
    - 4° Paiement de l'indemnité *préalable* à la prise de possession par l'administration.

V. Principaux Démembrements de la Propriété.

- 1° *Usufruit.*
  - *a.* Droit de jouir d'une chose dont un autre a la propriété.
  - *b. Effets.*
    - 1° Droit d'user.
    - 2° Droit de percevoir les fruits.
  - c. S'éteint à la mort du titulaire.
- 2° *Servitudes.*
  - *a. Définition.* Charges imposées sur un fonds (fonds servant) au profit d'un autre fonds (fonds dominant).
  - *b. Diverses espèces.*
    - 1° S. dérivant de la situation des lieux ;
    - 2° S. établies par la loi ;
    - 3° S. établies par l'homme.
  - *c. Caractère.* — Elles sont perpétuelles.

VI. Propriété.	1° *Littéraire.*	Droit exclusif pour un auteur de tirer parti de ses œuvres. S'éteint 50 ans après la mort de l'auteur.	
	2° *Industrielle.*	Consiste dans la protection.	1° Des brevets d'invention ; 2° Des dessins et modèles ; 3° Des marques de fabriques ; 4° Du nom commercial.

CHAPITRE II. — DROITS DE CRÉANCE (1).

Définitions. — Nous avons déjà défini plus haut le droit de créance. C'est, avons-nous dit, la faculté pour une personne d'exiger d'une autre personne déterminée une prestation quelconque, consistant à donner, faire ou ne pas faire quelque chose.

Ce droit crée un rapport entre deux personnes, le créancier, le débiteur, relativement à une chose, qui est l'objet de la prestation.

Envisagé au point de vue du débiteur, ce rapport prend le nom d'obligation ou de dette.

On peut donc définir l'obligation, une nécessité juridique qui astreint une personne appelée *débiteur*, à donner, faire, ou ne pas faire quelque chose, au profit d'une autre personne déterminée, appelée *créancier*.

Division. — Nous étudierons :

§ 1. Les différentes espèces d'obligations ;

§ 2. Comment naissent les droits de créance, contrats et délits ;

§ 3. Les notions sommaires sur les principaux contrats ;

§ 4. Les droits du *créancier*.

(1) Voir *suprà*, page 147.

§ 1. — Des différentes espèces d'obligations.

Il existe plusieurs classifications des obligations :

1° **Obligations civiles, naturelles, morales.** — L'obligation civile est celle, à l'exécution de laquelle le créancier peut contraindre le débiteur, à l'aide de moyens coercitifs mis à sa disposition par la loi. Ces moyens consistent, nous le verrons, dans la poursuite du débiteur devant les tribunaux civils, pour obtenir contre lui un jugement de condamnation, qui sera suivi de la saisie et de la vente de ses biens, pour satisfaire le créancier, si le débiteur s'obstine à ne pas vouloir le désintéresser volontairement.

L'obligation naturelle est celle que le débiteur ne peut être contraint d'exécuter par l'emploi de la force.

Exemple : une dette de jeu, une dette résultant d'un pari.

Si le perdant ne veut pas s'exécuter, volontairement et de son plein gré, le gagnant n'a aucun moyen de l'y forcer.

L'obligation morale est un simple devoir de conscience ; c'est, par exemple, le devoir pour le riche de faire l'aumône au pauvre. Elle ressemble à l'obligation naturelle, en ce que, comme elle, elle est dépourvue de toute sanction extérieure. Mais elle en diffère, en ce qu'elle est du domaine de la morale, et non du domaine du droit, comme l'obligation naturelle : l'exécution d'une obligation morale constitue une véritable libéralité, l'exécution d'une obligation naturelle est un véritable paiement.

2° **Obligations pures et simples, obligations conditionnelles, obligations à terme.** — L'obligation pure et simple est celle dont le créancier peut exiger l'exécution immédiatement.

L'obligation conditionnelle est celle dont l'existence ou la résolution est subordonnée à un événement futur et incertain.

Exemple : je m'engage à vous payer 1.000 francs si mon navire arrive d'Asie à la fin du mois.

Je vous vends ma maison pour 10.000 francs, mais il est

bien entendu que si vous ne me payez pas le prix le 1er octobre prochain, la vente sera résolue.

Dans le premier cas, la condition est dite *suspensive* ; elle tient en suspens la naissance de l'obligation.

Dans le second cas, la condition est dite *résolutoire* (1) ; parce qu'elle a pour effet de résoudre le contrat.

L'obligation à terme est celle dont l'exécution ou l'extinction est subordonnée à un événement futur, mais inévitable.

Exemple : vous m'avez prêté 500 francs ; je m'engage à vous les rendre le 1er du mois prochain.

Vous abandonnez toute votre fortune à une compagnie d'assurances qui s'oblige à vous payer des arrérages jusqu'à votre mort.

Dans le premier cas, le terme est dit *suspensif*. Il tient en suspens l'exercice du droit du créancier, qui ne peut exiger son paiement jusqu'à l'arrivée du terme.

Dans le second cas, le terme est dit *extinctif*. Il tient en suspens la disparition de la créance.

Différences entre la condition et le terme. — Des explications précédentes, il est facile de dégager les différences qui séparent la condition du terme :

a) La condition est toujours *incertaine* : se réalisera-t-elle,

(1) Il y a deux espèces de conditions résolutoires : la condition résolutoire expresse et la condition résolutoire tacite. La condition résolutoire expresse, est celle qui est insérée par les parties dans le contrat. Exemple : je vous vends un immeuble, 50.000 francs, mais je me réserve la faculté de résoudre la vente et de reprendre mon immeuble dans un délai de 5 ans, en vous remboursant le prix : c'est la *vente à réméré,* ou avec faculté de rachat. La condition résolutoire tacite est celle condition qui est sous-entendue dans tous les contrats synallagmatiques, et d'après laquelle, si l'une des parties n'exécute pas son obligation, l'autre partie a le droit de faire résoudre le contrat. Exemple : je vous vends un immeuble 50.000 francs ; vous ne me payez pas le prix, je puis faire tomber la vente et reprendre mon immeuble. La différence essentielle entre ces deux sortes de conditions, est que la condition résolutoire expresse opère *de plein droit*, dès sa réalisation, tandis que pour la condition résolutoire tacite il faut qu'un jugement intervienne et prononce l'anéantissement du contrat.

ne se réalisera-t-elle pas? on n'en sait rien. Tandis que le terme est inévitable, il arrivera nécessairement.

b) La condition suspensive tient en suspens l'*existence* même de l'obligation. Tant qu'elle n'est pas arrivée, l'obligation ne se forme pas, n'existe pas ; en sorte que le débiteur d'une obligation conditionnelle qui paierait avant sa réalisation, paierait ce qu'il ne doit pas, et pourrait se faire rembourser ce qu'il a donné, comme indû.

Au contraire, le terme suspensif ne retarde pas la naissance de l'obligation mais seulement son exécution, son exigibilité. Il suit de là que le débiteur qui paierait avant l'échéance, paierait bien son dû et ne pourrait exercer l'action dite en répétition de l'indû pour se faire rembourser ce qu'il aurait versé au créancier.

c) La condition résolutoire une fois accomplie rétroagit ; et dès lors l'obligation est censée n'avoir jamais existé même dans le passé. Au contraire, le terme extinctif ne produit d'effet que dans l'avenir, tout ce qui a été accompli dans le passé reste acquis, et ne disparait pas.

3° *Obligation conjointe et obligation solidaire.* — La notion de l'obligation conjointe et de l'obligation solidaire suppose la présence de plusieurs créanciers ou de plusieurs débiteurs pour une même obligation.

Pour plus de simplicité, nous prendrons le cas le plus fréquent, le cas de plusieurs débiteurs.

Je suppose que vous prêtiez une somme de 3.000 francs, au même moment, à Primus, à Secundus et à Tertius.

S'il n'y a aucune convention, la dette sera *conjointe*. C'est-à-dire que vous ne pourrez réclamer à chacun des débiteurs que sa part et portion, soit 1.000 francs.

Mais vous pouvez insérer au contrat une clause formelle qui vous permette de réclamer le montant intégral de l'obligation, soit 3.000 francs, à l'un quelconque des débiteurs que vous voudrez choisir, sauf son recours contre les autres pour ce qui excède sa part dans la dette.

L'obligation sera *solidaire*, dans ce cas.

La solidarité est une assurance pour le créancier contre l'insolvabilité de l'un des débiteurs.

En effet, lorsque la dette est conjointe, si l'un des débiteurs est insolvable, le créancier ne sera pas intégralement payé, puisqu'il ne peut réclamer des autres débiteurs, que leur part et portion, soit 2.000, pour tous les deux. S'il stipule la solidarité, au contraire, ce qu'il ne pourra pas recouvrer contre l'un il l'obtiendra de l'autre, puisqu'il peut se faire payer par chacun d'eux le montant total de l'obligation, il suffit donc qu'un seul soit solvable pour que le créancier ne soit pas en *perte* (1).

§ 2. — Comment naissent les droits de créance.

Énumération. — Les deux causes principales qui donnent naissance aux droits de créance sont :

1° Les contrats;

2° Les délits.

On peut y ajouter certains faits analogues, connus sous le nom de quasi-contrats et de quasi-délits, et la loi.

Du contrat. — *Définition.* — Un contrat est un accord de volontés entre deux ou plusieurs personnes, pour faire naître une obligation.

Exemple : nous convenons ensemble que vous me transférerez la propriété de votre maison et qu'en retour, je vous paierai une somme de 50.000 francs; c'est là un contrat, la vente.

Le principe qui domine la théorie des contrats est le prin-

(1) De tout ce qui est dit ci-dessus, il suit que l'obligation solidaire présente deux caractères : 1° l'unité d'objet; 2° la pluralité de débiteurs. Un seul objet est dû intégralement par plusieurs personnes au même créancier. — On peut ajouter que dans leurs rapports avec le créancier, les débiteurs sont censés s'être donné mandat de se représenter les uns les autres à l'effet d'acquitter la dette. En conséquence, lorsque le créancier poursuit l'un des débiteurs, il interrompt la prescription et il fait courir les intérêts *moratoires*, non seulement à l'égard de ce débiteur, mais à l'égard de tous, c'est comme s'il les poursuivait tous dans la personne d'un seul.

cipe de la liberté des conventions. Il n'a d'autre limite que l'ordre public et les bonnes mœurs.

Les conventions légalement formées tiennent lieu de loi à ceux qui les ont faites.

Conditions d'existence et de validité des contrats. — Comme élément essentiel de *formation*, le contrat exige (1) :

1° Le consentement des parties ;

2° Un objet licite.

Sans l'une de ces deux conditions, le contrat n'existe pas.

Comme élément de *validité*, le contrat suppose :

1° Que les parties sont capables de s'obliger ;

2° Que leur consentement n'est vicié, ni par l'erreur, ni par le dol, ni par la violence. Si l'une de ces conditions fait défaut, le contrat se forme bien, mais il est annulable, c'est-à-dire que la partie dont le consentement a été entaché d'erreur, de dol ou de violence, ou celle qui était incapable, a le droit pendant 10 ans, d'en faire prononcer la nullité par le tribunal civil.

Diverses espèces de contrats. — Il y a plusieurs classifications des contrats. Nous nous bornons à faire connaître la plus importante, celle des contrats synallagmatiques et des contrats unilatéraux.

Un contrat est dit *synallagmatique* ou *bilatéral*, lorsqu'il donne naissance à une obligation à la charge de l'une et de l'autre partie contractante.

Exemple : le contrat de vente ; le vendeur s'engage à transférer la propriété de la chose vendue à l'acheteur, qui, en retour, s'engage à payer un prix au vendeur.

Un contrat est dit *unilatéral*, lorsqu'il ne fait naître d'obligation qu'à la charge de l'une des parties.

Exemple : le contrat de prêt d'argent. Vous me prêtez 1.000 francs jusqu'au 1er janvier prochain : moi seul, emprunteur, suis obligé.

(1) Certains contrats exigent en outre l'accomplissement de certaines solennités : ils sont au nombre de cinq : 1° mariage ; 2° contrat de mariage ; 3° donation entre vifs ; 4° contrat d'hypothèque ; 5° contrat d'adoption.

Délits. — Le délit est un acte illicite, dommageable, commis avec l'intention de nuire, qui oblige celui qui en est responsable à le réparer.

Tantôt, le délit, outre le préjudice qu'il cause à un particulier, apporte un trouble à l'ordre social, la loi, en dehors de la réparation du dommage, en punit l'auteur d'une peine corporelle ou pécuniaire. C'est le *délit criminel*.

Tantôt, le délit est moins grave, et lèse un intérêt privé, sans atteindre la société elle-même dans son repos. La loi se borne alors à mettre à la charge de celui qui en est l'auteur l'obligation d'indemniser sa victime, c'est ce qu'on appelle le *délit civil*.

Quasi-contrats, quasi-délits, loi. — Un quasi-contrat est un acte licite, volontaire, exécuté par une personne, et qui oblige une autre personne à une certaine prestation au profit de la première personne, sans qu'il y ait eu entre elles un accord de volontés.

Exemple : pendant une absence de mon voisin je répare à mes frais son mur qui menaçait ruine, sans qu'il m'ait chargé de le faire ; il sera tenu de m'indemniser de la dépense que j'aurai faite dans son intérêt : c'est le quasi-contrat de *gestion d'affaires*.

Autre exemple : je vous ai payé une somme de 1.000 francs, croyant vous la devoir ; et, en réalité, je ne vous la devais pas ; de ce fait, qu'on appelle *le paiement de l'indû*, naît à votre charge l'obligation de me rendre la somme que je vous ai versée.

Un quasi-délit est, comme le délit, un acte illicite, dommageable ; mais il en diffère, en ce qu'il est commis sans intention de nuire, il est le résultat, non du dol, mais de la négligence de son auteur.

La loi peut, enfin, être la source de certaines obligations : par exemple, l'obligation alimentaire, qui existe entre les enfants et les parents.

Preuve des obligations. — La loi reconnaît deux modes de preuve : la preuve littérale, et la preuve testimoniale.

Preuve littérale. — La preuve littérale résulte soit des actes authentiques, soit des actes sous seing privé.

L'acte authentique est celui qui est rédigé par l'officier public compétent, et avec les formalités prescrites par la loi.

Il fait foi jusqu'à *inscription de faux* (1) :

1° De sa date ;

2° Des faits que l'officier public déclare avoir vus, entendus, constatés ou accomplis.

L'acte sous seing privé (2) est celui qui est rédigé par les

(1) Voir *suprà*, ce que nous avons dit des extraits des actes de l'état civil, page 132.

(2) *De l'enregistrement des actes écrits.* — L'enregistrement est la mention d'un acte sur un registre établi par la loi. Les droits d'enregistrement présentent un double caractère, c'est à la fois : un impôt, l'un des plus productifs, et le prix d'un service rendu. Le service rendu aux simples particuliers par la formalité de l'enregistrement consiste, pour les actes sous seing privé, à leur donner date certaine à l'égard des tiers, et, pour les actes authentiques, à prévenir les fraudes ou les antidates. Au point de vue fiscal, et en tant qu'impôt, l'enregistrement tient à la fois de l'impôt direct, parce qu'il est dû nominativement par le contribuable ; de l'impôt indirect, en ce qu'il n'est dû qu'à l'occasion de l'accomplissement d'un acte. C'est ce dernier caractère qui l'emporte, et on le range communément parmi les impôts indirects. La loi fondamentale de la matière est la loi du 22 frimaire an VII. Elle a été modifiée par de nombreuses lois postérieures, dont la plus importante est celle du 28 février 1872.

Diverses espèces de droits d'enregistrement. — La loi du 22 frimaire an VII n'avait établi que deux espèces de droits : des droits *fixes*, et des droits *proportionnels*. La loi du 28 février 1872 y a ajouté des droits *fixes gradués*. Ce sont des droits qui, pour les actes de même nature, varient suivant une progression qui augmente avec la valeur de l'acte (par exemple 5 fr. pour les sommes de 5.000 à 10.000 fr. ; 20 fr. pour les sommes de 10.000 à 20.000, etc.). Les droits *fixes* sont dus par tous les actes, les droits *proportionnels* pour les actes impliquant un mouvement de valeurs (mutation de propriété, obligation, etc.) ; les droits *gradués* pour un certain nombre d'actes déterminés par la loi (formations de sociétés, contrats de mariage, partages, etc.).

Des cas où les conventions verbales donnent lieu à la perception de droits fiscaux. Droits de mutation. — En principe, un droit d'enregistrement n'est perçu qu'à l'occasion des actes écrits, et à parties elles-mêmes, ou par un tiers qui n'a pas qualité, aux yeux de la loi pour lui donner le caractère authentique.

Lorsqu'il constate un contrat synallagmatique, il doit être rédigé en autant d'originaux qu'il y a de parties ayant un intérêt distinct.

Ainsi, dans le louage, il y a deux originaux, l'un pour le bailleur, l'autre pour le preneur.

L'acte sous seing privé ne fait pas foi de sa date à l'égard des tiers, à moins qu'il n'ait été enregistré.

Lorsqu'un créancier oppose un acte sous seing privé à son débiteur, celui-ci peut refuser d'en reconnaître la signature, et alors c'est au créancier à faire la preuve que cet article émane bien de lui, par la procédure de la *vérification d'écritures*.

Preuve testimoniale. — La preuve testimoniale est dangereuse ; la mémoire des témoins peut être infidèle, les témoins peuvent être subornés. Aussi la loi tient ce mode de preuve en grande défaveur.

1° Elle n'est pas recevable lorsqu'il s'agit d'une chose supérieure à 150 francs ;

2° Elle n'est pas non plus recevable outre et contre le contenu d'un acte écrit.

Il y a exception, notamment, quand il existe un commen-

raison de la formalité même de l'enregistrement. Ces droits sont appelés pour cette raison *droits d'acte*. Par exception, certaines conventions donnent lieu à la perception de droits, même lorsque l'acte qui les contient n'est pas présenté à l'enregistrement, ou lorsque la convention est purement verbale. L'administration a le droit de rechercher et de prouver l'existence de ces actes pour les soumettre à la perception des droits. On les appelle *droits de mutation*. Ils sont établis, en ce qui concerne les immeubles, pour toute transmission de propriété, soit entre vifs, soit après décès, à titre gratuit ou à titre onéreux, et, en ce qui concerne les meubles, seulement pour les transmissions à cause de mort.

Droits perçus sur les locations verbales. — Les baux écrits doivent être enregistrés et les locations verbales déclarées par le propriétaire au receveur de l'enregistrement, dans les *trois mois* de la location, et non de l'entrée en jouissance. Il est perçu un droit de 0, 20 0/0 sur le montant annuel du bail. Le double droit est dû, à défaut d'enregistrement de déclaration dans le délai légal.

cement de preuve par écrit, c'est-à-dire un écrit rendant vraisemblable la prétention du créancier (1).

Modes d'extinction des obligations. — Les principaux modes d'extinction des obligations sont :

1° Le *paiement*, ou exécution normale de l'obligation ;

2° La *dation en paiement*, quand le créancier consent à recevoir du débiteur une chose à la place de ce qui était dû : un objet au lieu d'une somme d'argent ;

3° La *novation*, consistant à éteindre une obligation en faisant naître une nouvelle, soit par changement d'objet, soit par changement de créancier ou de débiteur ;

4° La *compensation*, qui se produit, lorsque le débiteur devient créancier de son créancier, pour une somme au moins égale à celle qu'il lui devait ;

5° La *confusion*, qui existe quand le débiteur hérite de son créancier purement et simplement, ou réciproquement ;

6° La *perte de la chose due*, lorsque l'objet dû étant un corps certain et déterminé a péri, par cas fortuit ou force majeure ;

7° La *prescription extinctive*, au bout de trente ans (2) ;

8° La *remise que le créancier fait* au débiteur.

(1) En matière commerciale, la preuve peut se faire par titres, authentiques ou sous seing privé, par lettres missives, par les registres ou livres de commerce ; et la preuve testimoniale ainsi que les présomptions, abandonnées à la sagesse du juge, sont toujours recevables, même au-dessus de 150 francs.

(2) La prescription est quelquefois plus courte : 1° Elle est de *six mois*, à l'égard des maîtres et instituteurs pour les leçons qu'ils donnent au mois ; des hôteliers et traiteurs, à raison du logement et de la nourriture ; des ouvriers et gens de travail pour le paiement de leurs journées. 2° Elle est d'*un an*, à l'égard des médecins et chirurgiens, des huissiers, des marchands, des domestiques qui se louent à l'année. 3° Elle est de *cinq ans*, à l'égard des avoués ; de même, pour le paiement des arrérages des rentes, pour les pensions alimentaires, pour les loyers et fermages, pour les intérêts, etc.

RÉSUMÉ 23. — Droits de créance.

I. Différentes espèces d'obligations.
- 1° Civiles, naturelles et morales ;
- 2° Pures et simples, conditionnelles, à terme ;
- 3° Conjointes et solidaires.

II. Comment naissent les droits de créance
- 1° *Contrat.*
  - *a. Définition.* Accord de volonté entre deux ou plusieurs personnes pour faire naître une obligation.
  - *b. Conditions d'existence et de validité.*
    - 1° consentement ;
    - 2° objet ;
    - 3° capacité ;
  - *c. Classification.*
    - 1° contrat unilat. ;
    - 2° contrat synallagmatique.
- 2° *Délit.* Fait illicite, causant un dommage à autrui ; Commis avec l'intention de nuire ;
- 3° *Quasi-contrat.* Fait illicite, d'où naît une obligation sans qu'il y ait accord entre les parties (gestion d'affaires et paiement de l'indû).
- 4° *Quasi-délit.* Fait illicite, causant un dommage à autrui, commis sans intention de nuire.
- 5° *Loi.* Exemple : obligation alimentaire.

III. Moyens de preuve.
- 1° *Littérale.* Authentique, sous seing privé.
- 2° *Testimoniale,* jusqu'à 150 francs.

IV. Modes d'extinction des obligations
- 1° *Paiement* ;
- 2° *Novation* ;
- 3° *Compensation* ;
- 4° *Confusion* ;
- 5° *Prescription* ;
- 6° *Remise,* etc.

§ 3. — Notions sommaires sur les principaux contrats.

Enumération. — Les contrats les plus importants sont :

1° La vente ;

2° Le louage ;

3° Le contrat de mariage ;

4° La société ;

5° Le mandat ;

6° La donation ;

7° Le cautionnement ;

8° Le prêt ;

9° Les assurances.

La vente.

Définition. — La vente est un contrat par lequel une personne, appelée *vendeur*, s'oblige à transférer à une autre personne, appelée *acheteur*, la propriété d'un meuble ou d'un immeuble, moyennant un prix en argent que celle-ci s'oblige à lui payer.

C'est un contrat synallagmatique, à titre onéreux, commutatif.

Conditions de formation et de validité. — Pour qu'une vente se forme valablement, il faut :

1° Le consentement des parties, du vendeur et de l'acheteur, exempt de tout vice (erreur, dol, violence) (1) ;

2° Un objet licite dans le commerce (2) ;

3° La capacité des parties (3).

La rédaction d'un écrit n'est pas nécessaire pour la formation même du contrat, mais, elle est indispensable pour en

(1) Il faut ajouter la lésion. En matière de vente d'immeuble, si le vendeur est lésé de plus des 7/12 de la valeur de son immeuble, il peut faire annuler la vente pour cause de lésion. La loi présume qu'il n'a vendu à vil prix que contraint et forcé par les circonstances, et sous l'empire d'un besoin pressant d'argent qui a enlevé toute liberté à son consentement (art. 1674, C. civ.).

(2) La vente ne peut avoir pour objet la chose d'autrui (art. 1599, C. civ.).

(3) La vente entre époux est interdite (art. 1595, C. civ.).

assurer la preuve, lorsque le prix est supérieur à 150 francs.

Cet écrit peut être notarié, ou sous seing privé.

Effets de la vente. — La vente fait naître des obligations à la charge du vendeur et à la charge de l'acheteur.

1° Obligations du vendeur. — Les obligations du vendeur sont :

1° *Transférer à l'acheteur la propriété de l'objet vendu.* — Cette obligation est exécutée dès qu'elle naît, par le seul effet du consentement, dans les rapports entre le vendeur et l'acheteur, lorsque le vendeur est propriétaire, et que l'objet est certain et déterminé, tel cheval, telle maison.

A l'égard des tiers, ainsi que nous l'avons dit plus haut (1), la propriété des immeubles n'est transférée que par la transcription de l'acte de vente sur les registres du conservateur des hypothèques (art. 3, L. du 23 mars 1855).

2° *Livrer à l'acheteur l'objet vendu.* — En lui faisant tradition de cet objet, s'il s'agit d'un meuble, ou en lui remettant les clefs s'il s'agit d'une maison d'habitation.

3° *Garantir l'acheteur contre l'éviction.* — L'obligation de garantie dont est tenu le vendeur entraîne trois conséquences pratiques :

a) Le vendeur ne peut lui-même troubler l'acheteur dans la possession de l'objet qu'il lui a vendu ;

b) Lorsque l'acheteur est troublé par un tiers qui revendique la chose vendue, prétendant en être propriétaire, ou avoir sur elle un droit d'usufruit, le vendeur doit le défendre contre cette attaque ;

c) Si, malgré cette intervention, le tiers a triomphé dans son attaque, et si le tribunal a condamné l'acheteur à lui restituer la chose vendue, le vendeur doit indemniser l'acheteur du dommage que cette éviction lui cause.

Si l'éviction est *totale*, l'acheteur a le droit de réclamer au vendeur : 1° la restitution du prix, même si la chose vendue a diminué de valeur ; 2° les fruits qu'il est obligé de rendre au propriétaire qui l'évince ; c'est ce qui arrive, lorsqu'étant

(1) V. *suprà*, page 156.

de bonne foi au moment de la vente, il a cessé de l'être avant l'éviction ; 3° les frais et loyaux coûts du contrat, et les dépens des procès soutenus ; 4° les impenses faites sur l'objet vendu ; 5° la plus-value que cet objet avait pu acquérir depuis la vente.

Si l'éviction est *partielle*, l'acheteur aura le choix, ou de faire résoudre le contrat, ou de réclamer la valeur de la portion de l'objet dont il est évincé au moment de l'éviction, lorsque la partie dont il est privé est tellement importante que l'acheteur ne l'aurait pas acquise s'il avait connu la cause de l'éviction. Dans les autres cas, il n'a que cette dernière faculté.

Garantie des vices cachés. — Le vendeur est en outre garant des vices cachés qui rendent la chose vendue impropre à l'usage auquel on la destine, ou qui diminuent cet usage d'une façon considérable.

L'acheteur a le choix, ou de rendre la chose et de se faire restituer le prix, ou de garder la chose et de se faire rendre une partie du prix.

Pour certains animaux, la loi du 2 août 1884 a déterminé, d'une façon limitative, les vices entraînant la responsabilité du vendeur, et elle ne lui a accordé que le droit de demander la résolution du contrat. Ces vices sont dits, pour ce motif, *vices rédhibitoires* (1).

2° **Obligations de l'acheteur.** — Les obligations de l'acheteur consistent :

1° A payer le prix de vente ;

2° A prendre livraison de la chose vendue ; les frais d'enlèvement sont à sa charge.

Garanties accordées au vendeur pour assurer le paiement du prix. — Pour assurer le paiement du prix par l'acheteur, la loi a accordé au vendeur d'immeuble :

1° Le droit de *rétention*, ou droit de garder la chose vendue en sa possession et de ne pas la livrer à l'acheteur, jusqu'au paiement du prix ;

(1) Du latin *redhibere*, ravoir, de red, re et *habere*, avoir.

2° Un privilège sur l'immeuble ;

3° L'action en résolution de la vente, ou droit de faire prononcer par le tribunal l'anéantissement de la vente, pour l'avenir et pour le passé, et de reprendre l'immeuble entre les mains de l'acheteur ou de toute autre personne qui aurait pu l'acquérir de lui, dans l'intervalle, sans avoir à subir les droits réels (hypothèques, servitudes, etc.) qu'il aurait établis, depuis la vente.

Le vendeur de meubles a les mêmes garanties ; il a, de plus, une action en revendication, pendant les huit jours qui suivent la livraison de la chose vendue. Cette action lui permet de reprendre la possession de cette chose qu'il a eu l'imprudence de livrer à l'acheteur.

Conséquence de la perte par cas fortuit de la chose vendue, avant la livraison. — Si la chose vendue vient à périr par cas fortuit avant la livraison, pour qui sera la perte ? pour le vendeur ou pour l'acheteur ? C'est la question des *risques*.

Il faut distinguer la vente pure et simple et la vente subordonnée à une condition suspensive.

a) Vente pure et simple. — Dans la vente pure et simple, la perte fortuite doit être supportée par l'acheteur ; c'est dire qu'il sera tenu de payer le prix, bien qu'il ne reçoive pas la chose vendue.

Il profite des augmentations fortuites de valeur, il est juste qu'il subisse les diminutions et même les pertes qui se produisent.

b) Vente sous condition suspensive. — Primus a vendu un objet à Secundus si tel navire arrive d'Asie ; ce navire arrive d'Asie, mais, à ce moment, la chose vendue n'existe plus, ayant péri par cas fortuit.

Si la perte est totale, elle doit être supportée par le vendeur puisque la vente ne se forme pas au moment de l'arrivée de la condition, faute d'objet ; le vendeur n'aura plus sa chose et ne pourra réclamer le paiement du prix à l'acheteur.

Si la perte est partielle, l'acheteur a le choix ou de maintenir le contrat, sans pouvoir réclamer une diminution du prix de vente, ou de résoudre le contrat. Comme il choisira toujours le parti qui lui est le plus avantageux, on peut dire, que dans le second cas, la perte est encore supportée par le vendeur.

Du contrat de louage.

Des diverses espèces de louage. — Il y a deux espèces de louage :

Le louage de choses ;

Le louage d'ouvrage.

a) Du louage de choses.

Définition. — Le louage de choses est le contrat par lequel une personne appelée *bailleur*, s'oblige à faire jouir une autre personne, appelée *locataire* ou *fermier*, d'une chose déterminée, moyennant l'obligation que prend cette personne de lui payer une redevance en argent, appelée loyer ou fermage.

Le louage des immeubles à la ville s'appelle bail à loyer, à la campagne, bail à ferme.

Effets du contrat de louage. — Le contrat de louage est comme la vente un contrat synallagmatique, à titre onéreux et commutatif. Il fait naître des obligations à la charge du bailleur, et des obligations à la charge du locataire ou fermier.

1° Obligations du bailleur. — Les obligations du bailleur d'immeuble sont les suivantes :

1° Il doit livrer l'immeuble en bon état de réparations locatives. A la différence du vendeur, il ne transfère pas la propriété, il ne donne au locataire ou au fermier que la possession précaire seulement.

2° Il doit faire jouir le locataire ou le fermier de l'immeuble loué, en faisant exécuter à ses frais, par exemple, les grosses réparations indispensables à sa conservation et à sa destination naturelle ;

3° Il doit le garantir contre l'éviction, comme le vendeur doit le faire à l'égard de l'acheteur.

2° Obligations du locataire ou du fermier. — Les obligations du locataire ou du fermier consistent :

1° A payer le montant des loyers ou des fermages aux époques convenues ;

2° A jouir de la chose louée en bon père de famille, notamment en faisant exécuter à ses frais les *réparations* dites *locatives.*

On entend par là les menues réparations d'entretien, rendues nécessaires, la plupart du temps, par la maladresse ou la négligence de ceux qui habitent la maison.

Ces réparations restent à la charge du propriétaire si elles sont occasionnées par vétusté ou par force majeure (1).

3° A restituer la chose, à la fin du bail, dans le même état qu'au moment de l'entrée en jouissance.

Responsabilité du locataire en cas d'incendie. — Supposons tout d'abord que la maison soit louée en entier à un seul locataire. En cas d'incendie de la maison, ce locataire est responsable, à moins qu'il ne prouve que le feu a été communiqué par la maison voisine, qu'il provient de la foudre, de vice de construction de la maison, ou de tout autre cas fortuit ou de force majeure.

Cette responsabilité a pour fondement juridique le contrat de louage ; c'est la conséquence de l'obligation de restituer, à la fin du bail, qui incombe au locataire.

La maison est occupée par plusieurs locataires : sous l'empire du Code civil, ils étaient tous *solidairement* responsables de l'incendie. La loi du 5 janvier 1883 a remplacé cette responsabilité solidaire par la *responsabilité proportionnelle.* Désormais, chaque locataire ne répond de l'incendie que proportionnellement à la valeur locative de l'appartement qu'il occupe.

Il peut s'exonérer de cette responsabilité en prouvant que l'incendie est dû à un cas fortuit ou à une force majeure, ou

(1) L'article 1754 énumère ces réparations : Ce sont celles à faire « aux âtres, contre-cœurs, chambranles et tablettes des cheminées ; au récrépiment des bas des murailles des appartements et autres lieux des habitations à la hauteur d'un mètre ; aux pavés et carreaux des chambres, lorsqu'il y en a quelques-uns seulement de cassés ; aux vitres, à moins qu'elles ne soient cassées par la grêle ou autres accidents extraordinaires et de force majeure, dont le locataire ne peut être tenu ; aux portes, croisées, planches de cloisons ou de fermeture de boutique, gonds, targettes et serrures ».

que le feu n'a pas pris dans son appartement mais dans celui d'un voisin, etc.

De la perte fortuite de la chose et des récoltes. — Si la chose louée périt en totalité par cas fortuit, le bail est résilié de plein droit.

Si elle n'est détruite qu'en partie, le preneur peut, suivant les circonstances, demander ou une diminution du prix, ou la résiliation du bail (art. 1722, C. civ.).

En matière de louage, les risques sont donc pour le bailleur, non pour le locataire ou fermier, à la différence de la vente.

En cas de perte de la totalité ou, tout au moins, de la moitié de la récolte, le fermier a droit à une diminution proportionnelle du prix du fermage.

Lorsque le bail est de plusieurs années, on fait une compensation sur la durée totale du bail entre les bonnes et les mauvaises récoltes, et le fermier ne peut obtenir de remise du fermage, que s'il a perdu sur l'ensemble, au moins une demi-année (art. 1769-1770).

Garanties accordées au bailleur. — Pour assurer l'exécution des obligations du locataire ou du fermier, la loi accorde au bailleur les garanties suivantes :

1° Le droit d'empêcher le locataire ou le fermier d'enlever les meubles qui garnissent la maison louée ou la ferme ;

2° Le droit de revendiquer ces meubles entre les mains des tiers, pendant 15 jours à la ville, 40 jours à la campagne, lorsque le locataire ou le fermier les a fait enlever sans son consentement ;

3° Un privilège sur les meubles et sur les récoltes de l'année, qui lui permet d'être payé sur le prix de vente, avant tout autre créancier.

De la sous-location. — Le fermier ou locataire a droit de sous-louer, à moins d'une clause contraire insérée au bail.

La sous-location a pour effet d'établir un second contrat de louage entre le locataire principal et le sous-locataire.

Le bailleur a une action directe contre le sous-locataire pour l'obliger à payer entre ses mains ce qu'il doit au locataire principal. Dans la mesure de cette obligation, il peut exercer son privilège sur les meubles du sous-locataire (art. 1753).

Fin du contrat de louage. — Le contrat de louage prend fin :

1° Par l'arrivée du terme stipulé dans le contrat ; cependant, si le preneur reste en possession, il se forme un nouveau bail, par suite d'une sorte de convention présumée des parties, connue sous le nom de *tacite reconduction* ;

2° Lorsqu'il n'y a pas de terme convenu, par la volonté libre de l'une ou de l'autre partie, à la condition d'avoir donné congé en temps utile.

Le congé est l'avertissement que l'une des parties adresse à l'autre, pour lui faire connaître qu'elle entend mettre fin au bail. Cet avertissement peut être donné verbalement par acte sous seing privé, par lettre missive ou par acte d'huissier.

Le délai qui doit s'écouler entre le moment où le congé est donné, et celui où prend fin la location, est déterminé par les usages locaux. A Paris, ce délai est de trois mois pour les loyers supérieurs à 400 francs, de six semaines pour les loyers inférieurs à cette somme.

Colonage partiaire ou métayage. — Le colonage partiaire ou métayage est un contrat par lequel le possesseur d'un héritage rural le remet, pour un certain temps, à un preneur qui s'engage à le cultiver sous la condition d'en partager les fruits avec le bailleur (art. 1er, loi du 18 juillet 1889).

C'est là un contrat spécial, se rapprochant du contrat de louage et du contrat de société. Cette société qui se forme entre le colon et le propriétaire a pour but l'exploitation du fonds et le partage des fruits, en général par moitié.

Du cheptel. — Le bail à cheptel est un contrat par lequel l'une des parties donne à l'autre un fonds de bétail pour le garder, le nourrir et le soigner, sous les conditions convenues entre les parties (art. 1800, C. civ.).

Ce contrat, comme le précédent, tient à la fois du louage et de la société.

Le *cheptel simple* est celui d'après lequel le preneur partage par moitié avec le bailleur le croît des animaux, mais bénéficie exclusivement du laitage, du fumier et du travail des animaux (art. 1804, C. civ.).

Il supporte la moitié de la perte partielle, mais ne supporte pas la perte totale survenue par cas fortuit.

Le *cheptel à moitié* est celui dans lequel chaque partie fournit la moitié des animaux qui demeurent communs pour le profit ou pour la perte (art. 1818, C. civ.).

Le preneur profite seul du laitage, du fumier et du travail des bêtes.

Le *cheptel donné par le propriétaire au fermier ou colon partiaire* présente ceci de particulier que tous les profits des animaux, croît, laitage, etc., appartiennent au preneur, à charge par lui de restituer au bailleur des bestiaux d'une égale valeur au prix de l'estimation de ceux qu'il a reçus.

Ce cheptel est dit *cheptel de fer*, parce que les bêtes qui en font partie ne peuvent mourir pour le bailleur.

b) Du louage d'ouvrage ou d'industrie.

Définition. — Le louage d'ouvrage est le contrat par lequel l'une des parties s'engage à faire quelque chose pour l'autre, moyennant un prix convenu entre elles.

Des trois variétés de louage d'ouvrage. — Il y a trois espèces de louage d'ouvrage ou d'industrie :

1° Le louage des domestiques ou des ouvriers qui s'engagent au service de quelqu'un ;

2° Celui des voituriers, par terre ou par eau, qui se chargent du transport des personnes ou des marchandises (1) ;

3° Celui des entrepreneurs d'ouvrage par suite de devis ou marchés (2).

(1) Le voiturier est soumis à une responsabilité rigoureuse à raison des objets qui lui sont confiés ; il répond de la perte ou de l'avarie, à moins que la chose transportée ait péri ou ait été avariée par cas fortuit ou par force majeure.

(2) Les architectes et entrepreneurs sont responsables pendant 10 ans de la construction qu'ils ont élevée.

Rapports entre ouvriers et patrons dans l'industrie. — Bornons-nous à noter les points suivants :

1° L'ouvrier ne peut se lier envers un patron pour plus d'un an. Habituellement, le louage d'ouvrage est fait sans durée déterminée, avec une faculté tacite de résiliation à volonté.

Cependant, d'après la loi du 27 décembre 1890, l'ouvrier peut réclamer des dommages-intérêts à son patron, en cas de renvoi brusque, ou de renvoi non motivé.

2° En cas d'accident survenu à l'ouvrier pendant son travail, le patron est responsable si l'accident est dû à sa faute ou à celle d'un autre ouvrier. D'après la jurisprudence, cette responsabilité a pour fondement, non le contrat de louage de services, mais un délit civil. En conséquence, c'est à l'ouvrier à faire la preuve que l'accident est imputable au patron.

3° Dans certains cas déterminés par la loi, les ouvriers ont un privilège pour garantir le paiement de leur salaire. D'autre part, la jurisprudence considère que le salaire est insaisissable, comme une pension alimentaire, lorsqu'il est indispensable à l'ouvrier pour vivre et faire vivre sa femme et ses enfants.

Du contrat de mariage.

Définition. — Le contrat de mariage (1) est le contrat par lequel deux futurs époux déterminent, au point de vue de leurs biens, les conséquences de l'union qu'ils vont conclure.

Ce contrat indique à qui appartiendront l'administration et la jouissance des biens de la femme, et dans quelle mesure chacun des époux supportera les dépenses qui résultent de la vie de famille : entretien personnel, entretien, éducation, instruction des enfants, etc.

On entend par *régime matrimonial* l'ensemble des règles adoptées par les futurs époux pour la solution de ces différentes questions.

Des quatre régimes matrimoniaux. — Il y a quatre régimes matrimoniaux.

(1) C'est un contrat solennel qui doit être fait par devant notaire, avant la célébration du mariage ; aucune modification ne peut être apportée au contrat durant le mariage.

1° Le régime de la communauté légale ;
2° Le régime exclusif de communauté ;
3° Le régime de séparation de biens ;
4° Le régime dotal.

Régime de communauté légale — Le régime de la communauté légale est appelé *régime de droit commun*, parce que c'est celui qui s'applique aux époux, lorsqu'ils se marient sans rédiger de contrat de mariage.

C'est un régime dans lequel les biens appartenant aux deux époux composent trois patrimoines distincts :

Le patrimoine propre du mari ;

Le patrimoine propre de la femme ;

Et les biens communs, ou biens de communauté, ou tout simplement la communauté, dont les deux époux sont copropriétaires, pour moitié.

Patrimoines propres. — Restent propres au mari ou à la femme, les immeubles dont chacun d'eux était propriétaire au moment du mariage, ou qu'il a acquis, pendant le mariage, par succession ou par donation.

Patrimoine commun. — Tombent, au contraire, en communauté :

1° Les meubles dont les deux époux étaient propriétaires au moment du mariage et ceux qu'ils ont acquis au cours du mariage par succession ou par donation ;

2° Les meubles et les immeubles acquis à titre onéreux, c'est-à-dire par vente, échange, etc. ;

3° Les fruits, revenus des biens propres des époux, et le produit de leur travail personnel.

Administration des biens communs. — Les biens communs sont administrés par le mari, qui était pour cela appelé, dans notre ancien droit, seigneur et maître de la communauté.

Ces pouvoirs sont très étendus, il peut les vendre, les hypothéquer ; il peut donner les meubles individuellement, mais il ne peut pas donner les immeubles.

Administration des biens propres. — C'est également le mari qui administre les biens propres de la femme ; mais il ne peut faire aucun acte de disposition relativement à son patrimoine. Il ne peut ni les vendre, ni les échanger, ni les hypothéquer, il peut seulement les donner à bail.

Dissolution de la communauté. — La communauté prend fin :

Par la mort de l'un des époux ;

Par le divorce ;

Par la séparation de corps ;

Par le jugement qui prononce la séparation de biens, sur la demande de la femme, lorsque le mari, par sa mauvaise administration, met sa dot en péril.

Quand la communauté est dissoute, la femme a le choix, ou d'accepter la communauté, ou d'y renoncer.

Si la femme accepte la communauté, chaque époux a droit :

1° de reprendre ses biens propres ;

2° de recueillir la moitié des biens communs.

Si la femme renonce à la communauté, elle n'a droit qu'à reprendre les biens qui lui appartenaient en propre, elle perd tout ce qu'elle avait mis dans la communauté, les biens communs appartiennent alors entièrement au mari.

Régime exclusif de communauté. — Le régime exclusif de communauté est celui dans lequel il n'y a que deux patrimoines, le patrimoine du mari et celui de la femme, et dans lequel c'est le mari qui administre les biens de la femme, et qui perçoit les fruits et les revenus de ces biens pour les dépenses du ménage, sans avoir aucun compte à rendre à sa femme, sur les économies qu'il peut réaliser à cet égard.

Régime de séparation de biens. — Le régime de séparation de biens est celui dans lequel chaque époux conserve, en propre, l'administration et la jouissance de ses biens. Le mari fait face aux dépenses du ménage avec les revenus de ses biens et les produits de son travail, d'une part, et d'autre part, avec la portion des revenus que la femme s'est engagée à lui abandonner, pour subvenir aux charges du mariage.

Régime dotal. — Le régime dotal est celui sous lequel les biens de la femme sont divisés en deux catégories : les biens *dotaux* et les biens *paraphernaux* (1). C'est le mari qui admi-

(1) Du grec, *para*, à côté et *phernên*, dot.

nistre les biens dotaux et qui en perçoit les revenus pour subvenir aux charges du ménage, sans avoir à en rendre compte à la femme, comme sous le régime exclusif de communauté.

C'est, au contraire, la femme elle-même qui administre ses biens paraphernaux, et qui en conserve la jouissance, comme sous le régime de séparation de biens.

Inaliénabilité et imprescriptibilité des immeubles dotaux. — Le trait caractéristique de ce régime, consiste dans l'inaliénabilité (1) et l'imprescriptibilité des immeubles dotaux, qui en assurent la conservation au profit de la femme et de ses enfants, malgré l'administration mauvaise du mari, et malgré les actes que son influence néfaste sur l'esprit faible de sa femme aura pu amener celle-ci à conclure.

L'inaliénabilité consiste en ce que la femme, même autorisée par son mari, est incapable d'aliéner ses immeubles dotaux, de les hypothéquer, et de contracter une obligation qui puisse amener la saisie et la vente de ces biens.

L'imprescriptibilité consiste en ce qu'une personne aurait beau posséder un immeuble dotal de la femme, pendant 30, 40 ans, — alors, bien entendu, que le mariage durerait encore, — sans acquérir pour cela un droit de propriété sur cet immeuble, par l'effet de la prescription.

(1) C'est ce qui distingue le régime dotal du régime exclusif de communauté dans lequel les biens de la femme ne sont pas *inaliénables.*

RÉSUMÉ 24. — Des principaux contrats.

- **I. Vente.**
  - 1° *Définition.* — Contrat par lequel une personne s'engage à transférer la propriété d'une chose à une autre personne moyennant un prix.
  - 2° *Obligations du vendeur.*
    - *a.* Transférer la propriété ;
    - *b.* Livrer ;
    - *c.* Garantir contre l'éviction et les vices cachés.
  - 3° *Obligations de l'acheteur*
    - *a.* Payer le prix ;
    - *b.* Prendre livraison.
- **II. Louage.**
  - 1° *Louage de choses*
    - *a.* Obligations du bailleur.
      - 1° Livrer ;
      - 2° Faire jouir ;
      - 3° Garantir contre l'éviction ;
    - *b.* Obligations du locataire.
      - 1° Payer le loyer convenu.
      - 2° Faire les réparations locatives.
      - 3° Restituer (responsabilité en cas d'incendie).
  - 2° *Louage d'ouvrage*
    - *a.* De domestiques ;
    - *b.* De voituriers pour transport ;
    - *c.* D'entrepreneurs (devis et marchés).
- **III. Contrat de mariage**
  - 1° *Définition.* — Détermine le régime matrimonial des époux.
  - 2° *quatre régimes.*
    - *a. Communauté légale.* — Trois patrimoines (commun et patrimoine propre de chaque époux) ;
    - *b. Exclusif de communauté.* — Le mari administre les biens de la femme, il a la jouissance de ces biens ;
    - *c. Séparation de biens.* — Chaque époux administre ses biens et en jouit.
    - *d. Régime dotal.* — Les biens dotaux inaliénables et imprescriptibles.

Du contrat de société.

Définition. — La société est un contrat par lequel une ou plusieurs personnes conviennent de mettre quelque chose en commun en vue de partager le bénéfice qui pourra en résulter.

Exemple : Primus et Secundus s'engagent à apporter 100.000 francs dans l'association, pour acheter des terrains sur lesquels ils élèveront des constructions, pour les revendre ensuite, tout bâtis, dans l'espoir de réaliser un bénéfice.

On a indiqué plus haut qu'il y avait deux espèces de sociétés, les sociétés civiles et les sociétés commerciales. Il n'y a pas lieu de revenir sur cette distinction.

Obligations des associés. — Le contrat de société fait naître à la charge des associés l'obligation d'effectuer l'apport qu'ils ont promis, de donner aux affaires sociales les mêmes soins qu'à l'administration de leurs affaires personnelles, et enfin, d'acquitter les engagements contractés par la société en vue du résultat pour lequel elle a été constituée.

Droits des associés. — Les droits des associés consistent : 1° à prendre part au partage des bénéfices, dans la mesure indiquée pour chacun d'eux, dans le contrat lui-même ;

2° A partager le fonds social, quand la société est dissoute.

Fin de la société. — La société prend fin par la mort de l'un des associés, par la réalisation du but en vue duquel la société était établie, enfin, par l'arrivée du terme qui avait été apposé comme limite à l'existence et au fonctionnement de la société.

Du contrat de mandat.

Définition. — Le mandat est un contrat par lequel une personne, appelée mandant, charge une autre personne, appelée mandataire, de faire un acte en son nom et pour son compte.

Exemple : Etant propriétaire d'un immeuble vous chargez une personne de vendre cet immeuble, en votre lieu et place.

Obligations qui en résultent. — Par le contrat, le mandataire s'oblige à exécuter fidèlement la mission qu'on lui a confiée.

Quant au mandant il peut se trouver obligé envers le mandataire pour l'indemniser des avances et des frais qu'il a pu faire pour l'exécution de son mandat.

Effets du mandat à l'égard des tiers. — A l'égard des tiers avec lesquels il entre en relations, le mandataire représente le mandant. Cela veut dire que c'est au nom du mandant, et non en son propre nom, qu'il agit, et, en conséquence, les actes qu'il accomplit, produisent directement leurs effets dans la personne du mandant, et non dans celle du mandataire.

Le mandant devient, suivant les cas, propriétaire, créancier ou débiteur par l'intermédiaire du mandataire.

Fin du mandat. — Le mandat prend fin, par la mort du mandant ou du mandataire, par la révocation du mandataire, par l'exécution du mandat.

Du contrat de donation.

Définition. — La donation est un contrat par lequel une personne se dépouille actuellement et irrévocablement d'une chose au profit d'une autre personne dans un esprit de libéralité.

C'est l'acte à titre gratuit par excellence, puisque le donateur s'appauvrit de la chose qu'il donne, sans rien recevoir à la place.

La donation n'est valable que si elle est faite par acte notarié.

Au point de vue du fond, la donation est soumise à deux règles fondamentales : 1° la réduction et 2° le rapport, que nous étudierons plus loin, à propos des donations.

Des exceptions à l'irrévocabilité des donations. — Les donations sont révoquées pour trois causes :

1° Pour inexécution des clauses et conditions ;

2° Pour ingratitude du donataire ;

3° Pour survenance d'enfant, lorsque le donateur n'avait pas d'enfant au moment de la donation, et qu'il lui en survient dans la suite.

Donations entre époux. — Les époux peuvent se faire des donations au cours du mariage. Mais ces donations sont essentiellement révocables au gré de l'époux donateur.

Du contrat de cautionnement.

Définition. — Le cautionnement est un contrat par lequel une personne garantit la dette d'autrui, en s'engageant à payer le montant de l'obligation, au cas où le débiteur ne s'exécuterait pas.

Caractère accessoire du cautionnement. — Le cautionnement est un contrat accessoire au contrat qui a fait naître l'obligation qu'il garantit (1).

En conséquence :

1° Si le contrat principal est nul, le cautionnement est nul;

2° La caution peut bien s'obliger à moins que le débiteur principal, mais elle ne peut s'engager à plus ;

3° La caution est libérée par toutes les causes qui libèrent le débiteur principal (2).

4° La caution jouit d'un certain nombre de faveurs, ou *bénéfices*, qui n'appartiennent pas aux débiteurs principaux.

Des bénéfices appartenant à la caution. — La loi reconnaît à la caution trois bénéfices :

Le bénéfice de discussion ;

Le bénéfice de cession d'action ;

Le bénéfice de subrogation.

Bénéfice de discussion. — C'est celui par lequel la caution, attaquée par le créancier avant le débiteur principal, peut contraindre le créancier à discuter les biens du débiteur, et à établir son insolvabilité, avant de la faire condamner à payer à sa place.

(1) Sur ce point la caution diffère du débiteur solidaire : la caution est un débiteur *accessoire*, le débiteur solidaire un débiteur *principal*. Cependant, la caution cesse d'être un débiteur accessoire, lorsqu'elle s'engage solidairement avec le débiteur principal. Elle cesse par là même d'être une *caution ordinaire* et devient une *caution solidaire*. Elle perd, en conséquence, le bénéfice de discussion.

(2) Cependant, en cas de faillite du débiteur principal, la caution ne peut se prévaloir du concordat accordé au débiteur.

L'exercice de ce bénéfice est subordonné aux conditions suivantes :

1° Il faut que la caution l'invoque au début de l'instance ;

2° Il faut qu'elle fasse l'avance des frais de discussion ;

3° Il faut qu'elle désigne au créancier les biens sur lesquels la discussion devra porter ; et il ne peut indiquer, ni les immeubles situés hors du ressort de la Cour où le paiement doit être fait, ni les immeubles litigieux, ni les immeubles hypothéqués à la dette qui ne sont plus en la possession du débiteur.

Bénéfice de division. — C'est celui par lequel la caution peut contraindre le créancier à diviser ses poursuites entre toutes les cautions solvables.

Bénéfice de subrogation. — C'est celui d'après lequel, la caution qui a payé le créancier est mise en son lieu et place et peut invoquer, pour se faire rembourser, les sûretés réelles (hypothèques, gages, privilèges), qui garantissaient la dette principale.

Fin du cautionnement. — Le cautionnement prend fin par toutes les causes qui mettent fin à l'obligation principale : paiement, compensation, confusion, etc...

De plus, la caution est libérée, lorsque par son fait, le créancier a laissé périr une garantie réelle (hypothèque, gage, privilège), sur laquelle la caution pouvait compter pour être remboursée.

Du contrat de prêt.

Deux sortes de prêt. — Il y a deux sortes de prêt : le prêt à usage ou commodat,

Et le prêt de consommation, dont le plus important est le prêt d'argent.

Prêt à usage ou commodat. — C'est le contrat par lequel une personne livre une chose à une autre personne, qui s'engage à la rendre en nature, après s'en être servie.

Exemple : je vous prête mon cheval pour faire un tour au bois.

L'emprunteur ne devient pas propriétaire de la chose prêtée, il n'en est que simple détenteur précaire. C'est cette *même chose* qu'il doit rendre.

Prêt de consommation. — C'est celui par lequel une personne transfère la propriété d'une certaine quantité d'une chose à une autre personne qui s'engage à rendre une égale quantité de la même chose.

Exemple : je vous prête 1.000 francs jusqu'au 1er janvier 1895.

L'emprunteur devient propriétaire. Ce ne sont pas les objets mêmes qu'il a reçus qu'il doit rendre, mais des objets de même espèce, en quantité et qualité égales.

La plupart du temps, le prêt est fait moyennant un intérêt que l'emprunteur s'engage à payer au prêteur pour le rémunérer du service qu'il lui rend en mettant une somme à sa disposition pendant un certain temps.

Le taux légal de l'intérêt est 5 0/0 en matière civile : il est libre en matière commerciale, depuis la loi du 7 janvier 1886.

Il y a *usure* lorsqu'on s'est fait promettre un intérêt supérieur au taux légal. L'usure n'est punie que lorsqu'elle se renouvelle, assez souvent pour révéler une habitude chez le capitaliste. C'est ce qu'on appelle pour ce motif, un délit *d'habitude.*

Du contrat d'assurance.

Définition. — Le contrat d'assurance est celui par lequel une personne s'oblige à indemniser une autre personne du dommage qui pourra résulter pour elle d'un événement déterminé, moyennant le paiement d'une somme en argent, appelée prime, que cette personne s'engage à lui payer (1).

Diverses sortes d'assurances. — On distingue les assurances maritimes et les assurances terrestres.

L'*assurance maritime* est celle par laquelle une personne

(1) Nous nous plaçons dans le cas le plus usuel de l'assurance avec prime, mais il y a une autre forme d'assurance, l'assurance *mutuelle* ; c'est une association constituée entre un certain nombre de personnes qui s'engagent à supporter en commun les risques dont elles sont menacées.

s'oblige à indemniser un armateur ou un chargeur des risques que le navire ou la marchandise pourra éprouver par suite d'une fortune de mer.

Les *assurances terrestres* ont pour objet d'indemniser l'assuré, contre l'incendie, contre la grêle, contre les accidents, ou contre la mort d'une personne (assurances sur la vie).

Caractère du contrat d'assurance. — Le contrat d'assurance est un contrat d'*indemnité* : cela veut dire qu'il a pour objet de réparer un dommage causé, mais non d'enrichir l'assuré.

D'où il suit, que l'assurance ne peut avoir lieu pour une somme supérieure à la valeur de la chose assurée.

Effets du contrat d'assurance. — Le contrat d'assurance fait naître des obligations à la charge de l'assureur, et à la charge de l'assuré.

1° L'obligation de l'assureur consiste à acquitter aux mains de l'assuré le montant du capital promis en cas d'arrivée du sinistre ;

2° L'obligation de l'assuré consiste : 1° à ne commettre aucune réticence, et à ne faire aucune fausse déclaration dans la police d'assurance ; 2° à payer régulièrement la prime.

§ 4. — Droits du créancier.

Gage général sur le patrimoine du débiteur. — Nous avons dit plus haut que le droit du créancier consistait à exiger d'une autre personne déterminée une prestation quelconque, ayant pour objet : donner, faire ou ne pas faire quelque chose.

Ce droit est garanti dans son exécution par un gage général qui appartient au créancier sur tous les biens du débiteur.

Tous les biens du débiteur, meubles, immeubles, droits, actions, ceux qu'il avait au moment du contrat, comme ceux qu'il pourra acquérir dans la suite, composent ce gage général.

Conséquences qui en résultent. — A l'échéance de sa dette, le débiteur doit prendre dans sa caisse la somme qui forme l'objet de son obligation, ou s'il n'a pas d'argent disponible vendre un objet de son patrimoine, et verser la dite somme ou le prix provenant de la vente d'un de ses biens, entre les mains du créancier. On dit alors qu'il y a paiement, et la dette se trouve par là éteinte.

Si le débiteur n'agit pas comme il vient d'être dit, si l'échéance arrive sans qu'il paie au créancier ce qu'il lui doit, le créancier l'assignera devant le tribunal compétent, et le fera condamner à lui payer le montant de l'obligation et en outre des dommages-intérêts, en raison du préjudice que lui fait éprouver l'inexécution de l'obligation, ou son exécution tardive (1). Puis, en exécution de ce jugement, il saisira un

(1) *Droit du créancier de réclamer des dommages-intérêts.* — Au point de vue du droit pour le créancier de réclamer des dommages-intérêts, le Code civil distingue deux hypothèses :

1° La chose due est une somme d'argent ;

2° La chose due est autre chose qu'une somme d'argent ; par exemple, l'obligation a pour objet un cheval, une maison, ou elle consiste à faire ou à ne pas faire quelque chose.

Entre ces deux hypothèses il y a trois différences importantes :

a) Lorsque l'objet dû est autre chose qu'une somme d'argent, il peut être question de deux espèces de dommages-intérêts :

1° Des dommages-intérêts au cas d'inexécution totale ou partielle ; on indemnise le créancier de l'exécution imparfaite ou de l'absence d'exécution de l'obligation, en forçant le débiteur à lui payer, à la place, une somme d'argent : ce sont les *dommages-intérêts compensatoires* ;

2° des dommages-intérêts au cas de retard dans l'exécution ou *dommages-intérêts moratoires.* Lorsque l'objet dû est une somme d'argent, il ne peut être question de dommages-intérêts compensatoires : car on ne peut rien donner au créancier à la place de la somme d'argent promise : il n'y a lieu qu'à des dommages-intérêts moratoires, pour le retard dans le paiement.

b) *A quelles conditions des dommages-intérêts sont-ils dus au créancier ?* — Cette question est résolue différemment dans les deux hypothèses :

Lorsque l'objet dû est autre chose qu'une somme d'argent, trois conditions doivent se trouver réunies :

1° Il faut que le débiteur soit en faute ; il sera exonéré de toute responsabilité, s'il parvient à démontrer l'existence d'un cas fortuit ou d'une force majeure ;

2° Il faut que le créancier prouve qu'il a subi un dommage ;

3° Il faut que le débiteur ait été mis en demeure, par une sommation à lui faite par l'intermédiaire d'un huissier.

Au contraire, lorsque l'objet dû est une somme d'argent, il imde ses biens, le fera mettre en vente aux enchères publiques et sur le prix de vente, il se paiera.

Mais, il peut se faire que le débiteur néglige d'administrer son patrimoine, en n'exerçant pas des droits ou des actions qui lui appartiennent contre des tiers, ou ne fasse des donations ou des aliénations à vil prix qui diminuent son actif.

De l'action oblique et de l'action Paulienne. — Pour mettre le créancier à l'abri de cette négligence ou de cette fraude du débiteur, qui porte atteinte à sa garantie, la loi a conféré au créancier deux facultés importantes :

1° Il peut exercer au nom et à la place du débiteur les droits et les actions que celui-ci néglige de faire valoir ; c'est ce qu'on appelle l'*action oblique*, parce que le créancier n'agit

porte peu que le débiteur soit, ou non, en faute et que le créancier ait éprouvé un préjudice. Une seule condition est requise : la mise en demeure du débiteur ; mais, cette mise en demeure devra résulter, en principe, d'une demande en justice.

c) *Quel est le montant des dommages-intérêts ?* — Il diffère dans les deux hypothèses.

Lorsque l'objet dû est une somme d'argent, c'est la loi elle-même qui a déterminé, d'une façon invariable et pour tous les cas, les dommages-intérêts : 5 0/0, en matière civile, 6 0/0 en matière commerciale. On n'a pas voulu laisser au tribunal le soin d'apprécier l'étendue du préjudice subi par le créancier. On peut faire tant d'usages divers, plus ou moins productifs, d'une somme d'argent, que les juges auraient souvent été très embarrassés pour se prononcer.

Au contraire, lorsque l'objet dû est autre chose qu'une somme d'argent, c'est le tribunal qui détermine le montant des dommages-intérêts, en appréciant : d'une part, la perte prouvée (*damnum emergens*) ; et, d'autre part, le gain que le créancier aurait pu réaliser, et dont il a été privé par suite de l'inexécution ou de l'exécution tardive (*lucrum cessans*).

Cependant, l'étendue de l'obligation du débiteur n'est pas toujours la même : si l'inexécution est due à la *faute* du débiteur, et non à son *dol*, le débiteur n'est condamné à payer que les dommages-intérêts qu'on a prévus ou pu prévoir au moment de la naissance de l'obligation. Si l'inexécution est le résultat du *dol*, de la mauvaise foi du débiteur, il devra être condamné à payer tous les dommages-intérêts (prévus ou non prévus), qui sont la conséquence directe et immédiate de cette inexécution.

pas directement, et en son nom propre, mais au nom et comme représentant du débiteur;

2° Il peut faire révoquer les actes frauduleux par lesquels le débiteur s'est mis dans l'impossibilité d'acquitter son obligation.

Par exemple, un débiteur appelé à une succession renonce à cette succession, dans cette pensée que les biens qu'il recueillerait profiteraient exclusivement à son créancier, celui-ci pourra faire annuler cette renonciation, et accepter la succession pour se payer sur les biens qui devront revenir à son débiteur.

C'est ce qu'on appelle l'action *paulienne* ou *révocatoire.*

Droit égal de tous les créanciers. — Tels sont les droits du créancier; ces droits appartiennent d'une façon égale à tous les créanciers d'une même personne. Il en résulte que si le montant total de ses dettes dépasse la valeur de ses biens, ils viendront en concours sur le prix de la vente de ses biens, et ils ne recevront qu'une part proportionnelle au montant de leur créance. On dit alors que le débiteur est insolvable, et qu'il est en état de *déconfiture.*

Exemple : Primus a pour toute fortune un immeuble qui vaut 50.000 francs; il a deux créanciers,

Secundus, pour.	50.000 fr.
Tertius, pour.	50.000 »
En sorte que son actif est de.	50.000 »
Et son passif	100.000 »

Secundus et Tertius se partageront le prix de vente de l'immeuble, soit 50.000 francs, proportionnellement au montant de leur créance. Chacun d'eux touchera 25.000 francs.

RÉSUMÉ 25. — Des principaux contrats (Suite).

IV. Société.

- 1° *Définition.* — Contrat pour lequel deux ou plusieurs personnes mettent quelque chose en commun pour partager le bénéfice qui pourra en résulter.
- 2° *Obligations des associés.*
  - a. Effectuer l'apport ;
  - b. Donner des soins aux affaires sociales ;
  - c. Exécuter les obligations de la société.

V. Mandat.

- 1° *Définition.* — Contrat par lequel une personne en charge une autre de faire un acte dans son intérêt et en son nom.
- 2° *Obligation du mandataire.* — Exécuter fidèlement le mandat et en rendre compte.
- 3° *Obligation du mandant* — Indemniser le mandataire de ses avances.

VI. Donation.

- 1° *Définition.* Contrat à titre gratuit.
- 2° *Irrévocable, sauf 3 cas.*
  - 1° Inexécution des charges ;
  - 2° Ingratitude du donataire ,
  - 3° Survenance d'enfants.

VII Cautionnement.

- 1° *Définition.* — Contrat par lequel une personne garantit la dette d'autrui.
- 2° *Bénéfices de la caution.*
  - a. Discussion ;
  - b. Division ;
  - c. Subrogation ;

VIII. Prêt.

- 1° *Commodat.* — ou prêt à usage. La chose prêtée doit être rendue.
- 2° *De consommation.*
  - Ce sont des choses de même qualité et de même quantité qui doivent être rendues.
  - Exemple : Prêt d'argent. — 5 p. 0/0, en matière civile, illimité en matière commerciale.

IX Assurances.	*Définition*	Contrat par lequel une personne s'oblige à indemniser une autre personne du dommage qui pourra résulter pour celle-ci d'un certain événement (Incendie, accident, mort..., etc.).
X. Droits du créancier.	1° *Gage général* sur le patrimoine du débiteur.	
	2° *Conséquences.*	a. *Action oblique*, lui permettant de faire valoir les droits que le débiteur néglige d'exercer. b. *Action Paulienne*, lui permettant de faire révoquer les actes frauduleux de son débiteur. c. *Saisie.* d. *Droit à des dommages-intérêts.*

CHAPITRE III. — MOYENS DE CRÉDIT.

Idée générale. — En raison du danger qu'ils courent de n'être pas intégralement remboursés par le débiteur, devenu insolvable, les capitalistes pourraient hésiter à prêter de l'argent à ceux qui en ont besoin, et le conserver improductif, dans leur caisse, au grand détriment du commerce et de l'industrie. Pour les rassurer, et leur rendre confiance, afin qu'ils fassent crédit aux personnes qui ont besoin de leur emprunter de l'argent, la loi a imaginé un certain nombre de garanties ou sûretés destinées à écarter les risques que le créancier court d'ordinaire à ne pas être remboursé par son débiteur.

Crédit réel et crédit personnel. — Ces garanties ou sûretés sont de deux sortes : les unes *personnelles*, les autres *réelles*.

Les sûretés personnelles consistent dans l'engagement qu'une personne prend de payer la dette à la place du débiteur, au cas où celui-ci serait insolvable à l'échéance, c'est le *cautionnement*. Nous avons vu plus haut que l'obligation solidaire constitue également une garantie analogue au cautionnement.

La solidarité et le cautionnement sont connus sous le nom de sûretés personnelles ou de moyens de crédit personnel, parce que la garantie qu'elle procure au créancier consiste uniquement dans la confiance que lui inspire l'honorabilité, l'activité personnelle de la caution ou des débiteurs solidaires.

Les sûretés réelles consistent dans l'affectation d'un objet déterminé au paiement d'une dette. C'est, par exemple, le gage, ou remise d'un meuble au créancier, l'*antichrèse*, ou remise d'un immeuble au créancier avec le droit d'en percevoir les fruits en les imputant sur les intérêts et sur le capital de la dette ; le privilège établi de plein droit par la loi, le droit d'hypothèque qui peut être constitué sur les immeubles.

Ces diverses sûretés sont dites *sûretés réelles*, ou moyens de *crédit réel*, parce que la confiance qu'elles inspirent au créancier réside uniquement dans la valeur de la chose affectée spécialement au paiement de la dette.

Le créancier a l'espoir que cette chose sera vendue à un prix assez élevé pour que, ayant le droit d'être payé en premier ou en deuxième rang, il soit complètement désintéressé.

Division. — Nous étudierons :

1° Les privilèges ;

2° Les hypothèques ;

3° Les effets de commerce, qui se rattachent, nous le verrons, à la théorie du crédit.

§ 1. — Des privilèges.

Définition. — Le privilège est un droit réel que la loi accorde à certains créanciers, à raison de la qualité de la créance, sur un bien déterminé ou sur tout le patrimoine du débiteur, pour garantir le paiement de leur créance.

Trois sortes de privilèges. — Il existe trois catégories de privilèges :

1° Les privilèges généraux, portant sur tous les meubles et les immeubles du débiteur.

Exemples : le privilège pour garantir les frais de justice (frais de saisie et de vente du débiteur) ; le privilège pour garantir le paiement des frais funéraires, les frais de dernière maladie, etc.

2° Les priviléges spéciaux, établis sur certains meubles déterminés du débiteur.

Exemples : le bailleur d'un immeuble a un privilège sur les meubles qui garnissent la maison louée pour assurer le paiement du loyer ; de même le vendeur d'objet mobilier a un privilège sur cet objet même, pour garantir le prix de vente.

3° Les privilèges spéciaux, établis sur certains immeubles.

Exemple : le vendeur d'un immeuble a un privilège sur cet immeuble pour garantir le paiement du prix.

Effets du privilège. — Le privilège établi sur un meuble ou sur un immeuble a pour effet de conférer au créancier un droit de *préférence* à l'égard des autres créanciers ; cela veut dire que lorsque le meuble ou l'immeuble sera vendu, le créancier privilégié sera payé en premier lieu sur le prix de l'immeuble, avant tous les autres. C'est en cela que le privilège constitue pour lui une garantie quant à l'exécution de l'obligation.

Le privilège sur les immeubles confère en outre au créancier privilégié un droit *de suite* ; c'est-à-dire que si l'immeuble sur lequel est établi son privilège est vendu par le débiteur, le créancier pourra saisir l'immeuble entre les mains de l'acquéreur.

Conservation des privilèges. — En principe, les privilèges sur les immeubles ne se conservent et ne sont opposables aux tiers, que si une inscription a été prise au bureau du conservateur des hypothèques de l'arrondissement où est situé l'immeuble. Cette inscription est destinée à donner de la publicité aux privilèges ; ainsi une personne qui voudrait acheter l'immeuble pourra se rendre compte si cet immeuble est grevé d'un privilège en demandant au conservateur des hypothèques de l'arrondissement un certificat d'inscription.

Du rang des privilèges. — Lorsque sur un même immeuble plusieurs personnes ont des privilèges, le classement entre les créanciers n'est pas déterminé par la date de l'inscription, mais bien par la qualité de la créance.

§ 2. — Des hypothèques.

Définition. — L'hypothèque est, comme le privilège, un droit réel établi sur un immeuble pour garantir le paiement d'une obligation.

Ressemblances avec le privilège. — Comme lui, elle confère au créancier un droit de préférence, et un droit de suite.

Comme lui, elle ne se conserve et n'est opposable aux tiers que grâce à une inscription prise au bureau du conservateur des hypothèques, dans le même but de publicité.

Différences avec le privilège. — Ces deux droits diffèrent l'un de l'autre en deux points principalement :

1° Les créanciers privilégiés sont classés entre eux, suivant la qualité de la créance, les créanciers hypothécaires, d'après la date de l'inscription.

2° Lorsque sur le même immeuble il y a des privilèges et des hypothèques, les privilèges sont préférés aux hypothèques, même antérieures en date.

C'est ce qui a fait dire que les privilèges n'étaient autre chose que des hypothèques, mais des *hypothèques privilégiées*.

Sources de l'hypothèque. — Une hypothèque peut résulter: de la convention des parties, de la loi, ou d'un jugement.

Convention. — Une hypothèque conventionnelle ne peut être constituée que par le propriétaire de l'immeuble, capable d'aliéner, dans un acte notarié.

Loi. — Les hypothèques établies par la loi sont notamment: l'hypothèque de la femme mariée sur tous les immeubles de son mari, pour assurer la restitution de la dot et l'exécution des conventions matrimoniales, et l'hypothèque du mineur sur les immeubles de son tuteur pour garantir la bonne administration de ses biens.

Les jugements. — Enfin, l'hypothèque judiciaire est celle qui résulte des jugements de condamnation prononcés contre un débiteur; elle existe au profit du créancier sur tous les immeubles du débiteur condamné.

APPENDICE : I. — **Du gage.** — Le gage est une garantie réelle consistant dans la remise d'une chose mobilière par le débiteur au créancier, pour assurer le paiement de sa dette.

Il ressemble à l'hypothèque, en ce que, comme elle, il confère au créancier un droit de préférence ; mais, il en diffère en ce que le gage ne se constitue et ne se conserve qu'à la condition que le créancier soit mis et demeure en possession de l'objet sur lequel porte son gage ; tandis que l'hypothèque n'implique pas la possession de l'immeuble hypothéqué par le créancier.

II. — **De l'antichrèse.** — L'antichrèse est une convention par laquelle un débiteur remet à son créancier la possession d'un immeuble pour garantir le paiement de son obligation.

L'antichrèse est une sûreté réelle qui permet au créancier de posséder l'immeuble, d'en percevoir les fruits, en les imputant d'abord sur les intérêts, et pour le surplus, sur le capital de la dette : il procure au créancier le droit de retenir la chose, même contre le gré du débiteur et à l'encontre de ses autres créanciers ; mais, il ne fait pas naître à son profit, comme l'hypothèque ou comme le gage, un droit de préférence.

§ 3. — Des effets de commerce.

Définition. — On entend par effets de commerce des écrits contenant l'engagement pris par une personne de payer une somme d'argent à une époque déterminée, en échange de ladite somme d'argent ou d'une valeur analogue qu'il reçoit immédiatement. Ils sont d'un usage fréquent, dans le monde commercial, en raison de l'utilité qu'ils offrent pour le crédit, et de la facilité avec laquelle ils se transmettent.

Les plus importants de ces effets de commerce sont : la lettre de change, le billet à ordre et le billet de banque.

Lettre de change. — *Définitions. Modèle.* — La lettre de change est un écrit par lequel une personne, appelée *tireur*, charge une autre personne, appelée *tiré*, de payer une somme d'argent à une troisième personne appelée *preneur* ou *bénéficiaire.*

Exemple : Paris, le 15 novembre 1894.

Veuillez payer à Primus, ou à son ordre, à Toulouse, le 1er janvier prochain, la somme de 1000 francs, valeur reçue comptant.

Signé : SECUNDUS.

A M. Tertius, banquier à Toulouse.

En quoi elle constitue un moyen de crédit. — La lettre de change constitue un moyen de crédit. En effet, au moment où le tireur crée la lettre de change, il reçoit une somme d'argent, dans l'espèce ci-dessus 1000 francs, et il ne donne en échange qu'un papier, contenant un engagement de faire payer par un tiers à une époque ultérieure ladite somme, il peut ainsi se procurer l'argent dont il a besoin actuellement pour une opération commerciale.

De la provision. — Au jour de l'échéance, il devra assurer le paiement de la lettre de change en mettant le tiré en mesure de payer la lettre de change : c'est ce qu'on exprime, en langage juridique, en disant que le tireur doit faire *provision*. La provision existe toutes les fois qu'au moment de l'échéance le tireur est créancier du tiré, pour une cause quelconque.

Acceptation. — Quant au tiré, c'est un mandataire : il n'est tenu de payer la lettre de change, que quand il l'a acceptée. L'*acceptation* seule le rend débiteur.

Aval. — En dehors des garanties de paiement de la lettre de change, résultant de la provision et de l'acceptation du tiré, un tiers peut intervenir et s'obliger comme *caution* à payer à la place, soit du tireur, soit du tiré, c'est le donneur d'*aval*.

Endossement. — La lettre de change est un titre « à ordre »; c'est-à-dire qu'elle n'est pas payable à une personne dénommée, mais à l'ordre du titulaire. En conséquence, ce titre se transmet par un procédé très simple, et très pratique, connu sous le nom d'*endossement*, et consistant dans une mention écrite au dos de la lettre de change et ainsi conçue : « Veuillez payer à l'ordre de Quartus », avec la signature de l'endosseur, la date et la valeur fournie en échange par le cessionnaire.

L'endossement ne sert pas seulement de mode de transmission de la lettre de change, il en augmente les garanties de paiement, en ce que l'endosseur en est solidairement responsable avec le tireur et le tiré.

Echéance Paiement. Devoirs du porteur. — Le jour de l'échéance arrivé, le porteur doit présenter la lettre de change au tiré et lui en réclamer le paiement. Si le tiré refuse de payer, le porteur doit faire *protêt* le lendemain, et notifier le protêt aux divers signataires et les poursuivre en justice dans les 15 jours qui suivent la date du protêt.

Si le porteur néglige d'accomplir l'une de ces formalités, il perd tout recours contre les endosseurs.

Billet à ordre. — *Définition.* — *Modèle.* — Le billet à ordre est un écrit par lequel une personne, appelée *souscripteur*, s'engage à payer une somme d'argent, à une autre personne, ou à son ordre, en échange d'une valeur, soit argent, soit marchandises, qu'il a reçu de cette personne.

Exemple :

Paris, le 1er nov. 1894

Je paierai à M. Primus, ou à son ordre, le 1er janvier prochain, la somme de 1.000 francs, valeur reçue en espèces, ou en marchandises.

Signé : Secundus.

M. Primus, banquier à Lyon.

Comparaison avec la lettre de change. — Le billet à ordre diffère de la lettre de change, en ce qu'il ne suppose que deux personnes, le souscripteur et le preneur ou bénéficiaire ; dès lors, il ne peut être question, comme pour la lettre de change, ni de provision, ni d'acceptation.

Il ressemble à la lettre de change : en ce que c'est, comme elle, un effet de commerce ; c'est également un moyen de crédit, puisqu'il permet à une personne de se procurer de l'argent en donnant un simple engagement écrit en échange ; c'est aussi un titre à ordre se transmettant, par voie d'endossement : il entraîne, comme la lettre de change, l'obligation solidaire de tous ceux dont la signature figure sur le titre ; enfin, les devoirs imposés par la loi au porteur le jour de l'échéance sont les mêmes.

Du billet de banque. — Le billet de banque constitue un effet de commerce, dont le rôle économique est considérable. C'est un écrit par lequel une banque s'engage à payer à toute personne, qui en sera porteur, une somme déterminée, sur présentation, à n'importe quelle époque que ce soit.

La Banque de France a seule le droit d'émettre de semblables effets.

Nous nous bornerons à ces simples indications sur le billet de banque.

Les développements de cette matière trouveront leur place naturelle dans notre ouvrage consacré à l'Économie politique.

RÉSUMÉ 26. — Des moyens de Crédit.

I. Deux sortes de crédit.	1° *Réel.*	a. *Hypothèques.* b. *Privilèges.* c. *Gage.* d. *Antichrèse.*
	2° *Personnel.*	a. *Engagement du débiteur.* b. *Solidarité.* c. *Cautionnement.*
II. Privilège	*Droit réel* destiné à garantir l'exécution de l'obligation.	
	3 sortes.	a. *Généraux.* b. *Spéciaux sur meubles.* c. *Spéciaux sur immeubles.*
III. Hypothèque.	*Droit réel* destiné à garantir l'exécution de l'obligation.	
	Sources.	a. *Convention.* b. *Loi.* c. *Jugements.*
	Est classée d'après la date d'inscription.	
IV. Gage.	Consiste dans la remise d'un objet *mobilier* au créancier pour garantir la dette.	
V. Antichrèse.	Consiste dans la remise d'un *immeuble* au créancier pour garantir la dette.	
VI. Effets de commerce.	1° *Lettre de change*	Ecrit par lequel une personne charge une autre personne de payer une somme d'argent à une troisième personne.
	2° Billet à ordre.	Ecrit par lequel une personne s'engage à payer une somme d'argent à une autre personne.
	3° Billet de banque.	Ecrit portant l'engagement de payer à vue, au porteur, le montant du billet.

SECTION III. — Les successions.

Définition. — La succession est la transmission de tous les biens d'une personne morte (1) à la personne appelée à les recueillir, soit en vertu de la loi, soit en vertu du testament.

Caractères de la succession comme mode d'acquérir. — La succession est un mode d'acquérir à titre universel : ce ne sont pas des biens considérés individuellement que l'héritier acquiert, mais un patrimoine, c'est-à-dire un ensemble de biens, comprenant un actif et un passif, des créances et des dettes.

Voilà pourquoi, à la différence de l'acquéreur à titre particulier, tel qu'un acheteur, l'héritier, acquéreur à titre universel, est tenu de payer les dettes de son auteur.

Conditions requises pour succéder. — Pour succéder à une personne il faut :

1° Être né, ou tout au moins conçu, avant la mort du testateur, et lui survivre ;

2° Être né viable. L'enfant né, non viable, est assimilé au néant.

De l'indignité. — Un individu réunissant les conditions requises pour succéder au défunt, est déchu de son droit, comme indigne :

1° S'il a été condamné pour avoir donné ou tenté de donner la mort au défunt ;

2° S'il a porté contre le défunt une accusation, de nature à le faire condamner à la peine de mort, et que cette accusation a été jugée calomnieuse ;

3° Si, connaissant le meurtrier du défunt, il ne l'a pas dénoncé à la justice.

Deux sortes de successions.— De la définition que nous

(1) Dans le langage juridique on appelle souvent le défunt, *de cujus* ; c'est celui de la succession duquel il s'agit, *de cujus successione agitur.*

avons donnée plus haut, il résulte qu'il y a deux sortes de successions :

1° La succession déférée par la loi, ou succession légitime, ou *succession ab intestat* (1) ;

2° La succession déférée par le testament du défunt ou succession testamentaire.

Division de la section III. — Nous diviserons la section de la façon suivante :

Chapitre Ier. De la succession déférée par la loi ;

Chapitre II. Du testament.

Appendice. Limitations apportées par la loi au droit de disposer.

CHAPITRE PREMIER. — SUCCESSION DÉFÉRÉE PAR LA LOI.

Fondement de la succession déférée par la loi. — La dévolution de la succession par la loi a pour fondement l'affection présumée du défunt.

Division. — Nous étudierons :

1° Les différentes classes d'héritiers ;

2° L'égalité entre les enfants ;

3° Les obligations des héritiers ;

4° Le bénéfice d'inventaire.

§ 1. — Les différentes classes d'héritiers.

Héritiers légitimes et successeurs irréguliers. — La loi distingue deux classes d'héritiers :

1° Les héritiers légitimes ;

2° Les successeurs irréguliers.

Les héritiers légitimes sont les parents légitimes du défunt, jusqu'au 12e degré.

Les successeurs irréguliers sont :

1° Les enfants naturels ;

2° Le conjoint survivant ;

3° L'État.

(1) Cette expression vient du latin *ab intestato*, le défunt qui n'a pas fait de testament.

Différences essentielles entre les héritiers légitimes et les successeurs irréguliers. — Les héritiers légitimes diffèrent des successeurs irréguliers en deux points :

1° Les héritiers légitimes sont considérés comme les *continuateurs de la personne du défunt.* En conséquence, ils doivent acquitter les dettes héréditaires même au delà de l'actif qu'ils recueillent (*ultra vires successionis*), comme était tenu de le faire le défunt lui-même (1) ;

Au contraire, les successeurs irréguliers ne sont pas les continuateurs du défunt : ils ne sont tenus des dettes qu'à concurrence de l'actif qu'ils prennent (*intra vires successionis*) (2).

2° Les héritiers légitimes ont la *saisine légale* ; ils sont saisis de plein droit de la possession des objets héréditaires ; ils peuvent les appréhender, et s'en servir, ils peuvent poursuivre les débiteurs du défunt, et être poursuivis par les créanciers dès l'ouverture de la succession, sans avoir à demander à la justice de vérifier au préalable leur titre d'héritier et de les autoriser à se mettre en possession de la succession.

La saisine n'appartient pas aux successeurs irréguliers. D'eux-mêmes, ils ne peuvent pas se mettre en possession de la succession. Il faut qu'ils demandent et obtiennent leur envoi en possession du tribunal, après l'accomplissement de certaines formalités déterminées par la loi.

Règle commune aux héritiers légitimes et aux successeurs irréguliers. — Acquisition de la propriété des biens héréditaires. — Il est une règle commune aux héritiers légitimes et aux successeurs irréguliers. Cette règle est relative à l'acquisition de la propriété des biens héréditaires.

(1) Ils n'ont qu'un moyen d'éviter cet inconvénient, c'est d'accepter la succession sous bénéfice d'inventaire, comme nous verrons plus loin.

(2) En donnant cette solution, nous ne devons pas laisser ignorer qu'elle n'est pas admise sans contestation. La loi n'ayant pas tranché formellement cette question, il y a controverse, et la jurisprudence admet une solution contraire à celle que nous indiquons. Elle décide que les successeurs irréguliers sont tenus comme les héritiers légitimes au delà des forces de l'hérédité.

Les uns et les autres acquièrent la propriété des biens héréditaires de plein droit, dès la mort du *de cujus*. C'est en cela que la succession a été rangée par la loi au nombre des modes d'acquérir la propriété.

a) *Divers ordres d'héritiers légitimes.*

Les quatre ordres d'héritiers légitimes. — La loi distingue quatre ordres d'héritiers légitimes :

Un ordre n'est appelé à recueillir la succession que lorsqu'il n'y a plus d'héritiers dans l'ordre précédent ; et, dans chaque ordre, la succession est dévolue aux héritiers du degré le plus proche.

1er ordre d'héritiers. — *Les descendants.* — Le 1er ordre d'héritiers comprend les descendants, fils, petit-fils, à l'infini.

Et, entre les descendants, ce sont les plus proches en degré qui héritent.

Exemple : Le défunt laisse un fils, qui lui-même a deux enfants. Sa succession sera tout entière dévolue à son fils qui est au 1er degré, et non à ses petits-enfants qui sont au 2e degré.

Nous nous bornons à ces simples explications, nous étudierons plus loin l'égalité entre les enfants et la représentation.

2e ordre d'héritiers. — *Les frères et sœurs (collatéraux privilégiés), les père et mère (ascendants privilégiés).* — Si le défunt n'a pas de descendants, sa succession est dévolue à ses frères et sœurs, par égales parts.

Si, en même temps que des frères et sœurs, il laisse son père et sa mère, la succession est ainsi partagée :

1/4 est attribué au père ;

1/4 est attribué à la mère ;

Et la 1/2 qui reste est partagée également entre les frères et sœurs.

Si le père est mort, la mère prend toujours son 1/4, et les 3/4 sont dévolus aux frères et sœurs.

Il en serait de même évidemment, si la mère était morte, et le père survivant (1).

(1) Une complication peut se produire lorsque les frères, au lieu

3e **ordre d'héritiers.** — *Les ascendants.* — A défaut de descendants ou de frères et sœurs, la succession est dévolue aux ascendants.

Une règle importante est appliquée à la dévolution de la la succession aux ascendants et aux collatéraux *ordinaires* ; la succession tout entière est divisée en deux parts égales : l'une pour les parents du côté paternel, l'autre pour les parents du côté maternel. Chacune de ces deux parts est dévolue à l'héritier le plus proche en degré de chaque ligne, sans se préoccuper si, dans l'autre ligne, l'héritier qui sera appelé à recueillir la part, attribuée à cette ligne, est un ascendant ou un collatéral, et à quel degré il est à l'égard du défunt.

Ainsi, lorsqu'il n'y aura d'ascendantsque d'un côté, la part attribuée à l'autre côté, passera, à défaut d'ascendant, aux collatéraux, en sorte que dans une ligne c'est un héritier du

d'être *germains* comme nous l'avons supposé, c'est-à-dire nés du même père et de la même mère, sont *consanguins*, c'est-à-dire nés du même père seulement, la mère étant différente, ou *utérins*, c'est-à-dire nés de la même mère seulement, le père étant différent. Dans ces deux cas voici comment on procède : on divise en deux parts égales la portion de la succession du défunt attribuée aux frères et sœurs, une part pour la ligne paternelle, une part pour la ligne maternelle ; dans la ligne maternelle, il y aura partage entre les frères utérins et les frères germains ; dans la ligne paternelle, partage entre les frères consanguins et les frères germains ; en sorte que les frères germains ont droit dans les deux lignes, les frères consanguins et utérins, dans une ligne seulement.

Exemple : Le défunt laisse, un frère germain Primus, un frère utérin Secundus, un frère consanguin Tertius ; il ne laisse ni père ni mère ; sa fortune est de 100.000 francs : — on partagera cette somme en 2 parts égales : 50.000 pour la ligne paternelle ; 50.000 pour la ligne maternelle. — Les 50.000 de la 1re ligne seront partagés également entre Primus et Tertius : chacun d'eux aura 25.000.

Les 50.000 de la 2e ligne entre Primus et Secundus, chacun aura 25.000 francs. La succession sera donc ainsi répartie :

Primus : 50.000 francs.

Secundus : 25.000 frances.

Tertius : 25.000 francs.

On appliquerait un procédé analogue si le défunt avait laissé son père ou sa mère.

3e ordre qui héritera, et dans l'autre, un héritier du 4e ordre.

Pour que la succession tout entière soit dévolue à l'héritier d'une ligne, il faut qu'il n'y ait pas dans l'autre ligne, de collatéraux du degré successible.

Exemple : Le défunt ne laisse ni descendants, ni frères et sœurs ; il laisse son grand-père paternel, et un cousin maternel au 12e degré. La moitié de la succession appartiendra au grand-père, l'autre moitié au cousin.

Si le défunt ne laissait que son grand-père paternel, et aucun ascendant, ni collatéral, dans la ligne maternelle, le grand-père recueillerait la succession tout entière.

Faveur faite au père et à la mère en concours avec des collatéraux ordinaires: Usufruit légal d'un tiers. — Une faveur spéciale est faite par la loi soit au père, soit à la mère du défunt lorsqu'il se trouve en concours avec des collatéraux d'une autre ligne : Dans ce cas, le père ou la mère a l'usufruit du tiers des biens attribués au collatéral de l'autre ligne.

Exemple : le défunt ne laisse que son père et un cousin maternel ; sa fortune est de 150.000 francs.

La succession sera partagée également :

75.000 francs pour le père ;

75.000 francs pour le cousin maternel.

Mais, en outre, le père aura l'usufruit du tiers de la part attribuée au cousin, soit l'usufruit de 25.000 francs.

4e ordre d'héritiers. — *Les collatéraux.* — On les appelle *collatéraux ordinaires*, pour les opposer aux frères et sœurs, qui, en raison du traitement plus favorable qui leur est fait, sont dits *collatéraux privilégiés.*

Ils héritent à défaut de descendants, de frères et sœurs ou d'ascendants, suivant ce que nous avons dit précédemment.

Ils ne sont appelés à la succession que jusqu'au 12e degré inclusivement.

Dans chaque ligne, c'est le collatéral le plus proche qui succède ; s'ils sont plusieurs au même degré, ils partagent également.

A défaut de collatéraux dans une ligne, la succession passe

tout entière au collatéral ou aux collatéraux de l'autre ligne.

De la succession anomale ou retour successoral de l'ascendant donateur. — L'ascendant donateur succède aux biens qu'il a donnés à son descendant, au détriment d'héritiers plus proches que lui en degré, lorsque les deux conditions suivantes se trouvent réunies :

1° Lorsque les biens donnés se retrouvent en nature dans la succession ; ou, en cas d'aliénation, lorsque le prix est encore dû par l'acheteur, ou lorsque le donataire a conservé une action en reprise ;

2° Lorsque le donataire meurt sans laisser de descendants légitimes.

C'est là un véritable droit de succession ; mais une succession soumise à des règles particulières, d'où le nom de *anomale* (pour anormale), qui lui est donné.

Ce droit diffère du retour conventionnel ou clause par laquelle le donateur stipule que les biens qu'il donne lui reviendront au cas de prédécès du donataire.

1° En ce que le droit de l'ascendant est *légal* et non *conventionnel* ;

2° En ce que l'ascendant est un véritable héritier, tenu aux dettes ;

3° En ce que l'ascendant prend les biens dans l'état où ils se trouvent, tandis que le donateur n'a pas à subir les charges réelles, hypothèque, servitude, établies par le donataire.

b) *Divers ordres de successeurs irréguliers.*

Énumération. — Les successeurs irréguliers sont :

1° Les enfants naturels ;

2° Le conjoint survivant ;

3° L'État.

1° Les enfants naturels. — La loi n'a pas fait aux enfants naturels, ou nés hors mariage, — lorsqu'ils ont été reconnus par leur père ou leur mère, ou par tous les deux, — la même situation qu'aux enfants légitimes ; c'eût été compromettre l'institution fondamentale de la société, le mariage.

Elle ne les exclut pas, cependant, totalement : elle leur reconnaît un droit plus ou moins étendu, suivant la qualité des héritiers légitimes que le défunt laisse.

Si le père ou la mère laisse des descendants légitimes, le droit de l'enfant naturel est d'*un tiers* de la portion héréditaire, qu'il aurait eue, s'il eût été légitime.

Il est de *la moitié*, lorsque le père ou la mère ne laisse pas de descendant, mais bien des ascendants ou des frères ou sœurs.

Il est *des trois quarts*, lorsque le père ou la mère ne laisse ni descendants, ni ascendants, ni frères, ni sœurs.

L'enfant naturel a droit à la totalité des biens, lorsque ses père ou mère ne laissent pas de parents au degré successible.

Notons enfin, que l'enfant n'hérite pas d'autres personnes que de son père ou de sa mère qui l'a reconnu (1).

2° **Le conjoint survivant.** — Le Code civil avait été injuste, envers le conjoint survivant : il ne l'appelait à recueillir la succession de l'époux prédécédé qu'à défaut de parents légitimes au 12e degré et d'enfants naturels.

La loi du 8 mars 1891 a fait cesser cette injustice ; elle a attribué au conjoint survivant un droit dans la succession du défunt, en concours avec les héritiers de celui-ci, même les plus proches. Ce droit varie d'après la distinction suivante :

1er cas : *Le défunt ne laisse ni parents au 12e degré, ni enfant naturel.* — La succession revient tout entière *en pleine propriété* au conjoint survivant.

(1) *Enfants adultérins et incestueux* : — Les enfants qui sont le produit de l'adultère ou de l'inceste n'ont droit qu'à des aliments dans la succession de leur père ou de leur mère, et encore, lorsqu'ils n'ont pas reçu de leurs parents les moyens de gagner leur vie.

Dévolution de la succession d'un enfant naturel : — Un enfant naturel meurt, à qui va sa succession ? d'abord, à ses enfants, à défaut, à ses père et mère qui l'ont reconnu ; et à leur défaut, à leur frère ou sœur naturel, les frères et sœurs légitimes n'ont droit que de reprendre dans la succession les biens donnés par leur père, qui se retrouvent en nature.

2e cas. — *Le conjoint laisse des parents légitimes au degré successible ou des enfants naturels.* — Le conjoint survivant n'a plus droit qu'à un usufruit dont la quotité varie suivant le degré de parenté de ces héritiers.

Il a droit à l'usufruit d'un quart, si le défunt laisse un ou plusieurs enfants issus d'un mariage :

A l'usufruit d'une part d'enfant légitime le moins prenant, sans que cette part puisse excéder un quart, si le défunt a des enfants nés d'un précédent mariage ;

A l'usufruit de la moitié dans tous les autres cas.

3o **Etat.** — A défaut de parents legitimes au 12e degré, d'enfants naturels et de conjoint survivant, c'est l'État qui recueille la succession.

§ 2. — De l'égalité entre les enfants.

Principe moderne. — Dans notre ancien droit, l'âge ou le sexe étaient en matière de succession des causes de privilège : privilège de masculinité, droit d'aînesse.

Le Code civil, s'inspirant des idées mises déjà en pratique par les lois de la période révolutionnaire, a posé le principe absolu de l'égalité des enfants dans la succession de leur père : le droit d'aînesse et le privilège de masculinité ont été supprimés.

Exemple : — Un père meurt sans faire de testament ; en laissant une fortune de 30.000 francs à partager entre ses trois enfants. Chacun d'eux aura droit à 10.000 francs.

Cette règle est garantie par la théorie du rapport, dont nous parlerons plus loin, et par celle de la représentation dont nous allons dire quelques mots.

De la représentation. — La représentation est une fiction de la loi dont l'effet est de faire entrer les représentants dans la place, dans le degré et dans les droits du représenté.

Elle est établie, à l'infini, dans la ligne directe descendante ; et, en ligne collatérale, en faveur des enfants et des descendants des frères ou sœurs du défunt.

Exemples. — Deux exemples feront comprendre en quoi

consiste exactement la représentation et les effets qu'elle produit.

1° Un individu meurt laissant un fils Primus, et deux petits-enfants, Tertius et Quartus, issus d'un 2e fils Secundus, prédécédé.

En principe, la succession devrait tout entière aller à Primus qui est au 1er degré ; Tertius et Quartus ne devraient y avoir aucune part, puisqu'ils sont au 2e degré, à l'égard du défunt.

Grâce au secours de la représentation, Tertius et Quartus entreront dans la place, dans le degré et dans les droits de leur père Secundus, et ils recueilleront, en concours avec Primus, comme s'ils étaient comme lui au 1er degré, la part qui serait revenue à leur père, s'il avait survécu au défunt.

2° Un individu meurt laissant un frère, et les enfants d'un autre frère prédécédé.

Rigoureusement, le frère survivant devrait tout avoir. Avec l'aide de la représentation, les enfants du frère prédécédé, mis au lieu et place de ce dernier, fictivement, concourront avec leur oncle.

But. — Le but de la représentation est d'empêcher que les enfants ne soient privés, par le prédécès de leur père, de la part de succession qu'il leur aurait transmise s'il avait survécu au défunt.

Ce résultat est, d'ailleurs conforme à l'affection présumée du *de cujus*, qu'on peut considérer comme étant aussi vive à l'égard du petit-fils, qu'à l'égard du fils, pour le neveu que pour le frère lui-même.

§ 3. — Des obligations des héritiers.

Divers partis que peut prendre une personne appelée à une succession. — Une personne appelée à une succession peut opter entre l'un des trois partis suivants :

1° Renoncer à la succession ;

2° Accepter la succession purement et simplement ;

3° Accepter la succession sous bénéfice d'inventaire.

A partir de l'ouverture de la succession, il a trois mois pour faire inventaire, et 40 jours pour délibérer.

Quand l'héritier renonce à la succession, il est traité comme s'il n'avait pas été héritier. Nous écartons donc cette hypothèse, et, dans les développements qui vont suivre, nous nous placerons uniquement dans le cas de l'héritier qui accepte la succession, soit purement et simplement, soit sous bénéfice d'inventaire.

Classification des obligations des héritiers. — Les héritiers ont trois ordres d'obligations :

a) Dans leurs rapports entre eux :

b) Dans leurs rapports avec les créanciers du défunt ;

c) Dans leurs rapports avec le fisc.

a) *Obligations des héritiers dans leurs rapports entre eux.*

Enumération. — Dans leurs rapports entre eux les héritiers sont tenus de deux obligations principales :

1° Subir le partage de la succession ;

2° Effectuer le rapport des donations entre vifs et des legs.

Du partage résultent trois autres obligations qui seront expliquées à l'occasion du partage lui-même :

1° L'obligation de payer des soultes ;

2° L'obligation de payer le prix de licitation ;

3° L'obligation de garantie.

1° Du partage de la succession. — De l'indivision ou copropriété. — Lorsque deux ou plusieurs personnes sont appelées à recueillir une succession, elles sont de plein droit, dès l'ouverture de la succession, copropriétaires de tous les biens héréditaires, dans la proportion qui leur est attribuée dans la dite succession.

La loi a vu avec défaveur cet état d'indivision qui rend très difficile l'administration des biens soumis à ce régime, puisqu'aucune mesure ne peut être prise à leur égard, sans l'assentiment unanime de tous les propriétaires.

Aussi a-t-elle posé le principe que tout copropriétaire est obligé de subir le partage.

Du partage. — Le partage est l'acte qui met fin à l'indivision entre les cohéritiers, en déterminant les biens qui reviennent à chacun d'eux en pleine propriété dans la succession.

Exemple : Primus, Secundus, Tertius sont appelés à une succession composée de trois immeubles d'égale valeur A. B. C.

A l'ouverture de la succession, chacun d'eux a sur chacun de ces trois immeubles un droit de copropriété d'un tiers.

Après le partage, Primus est seul et unique propriétaire de l'immeuble A mis à son lot, Secundus seul et unique propriétaire de l'immeuble B, Tertius seul et unique propriétaire de l'immeuble C.

Comment s'opère le partage. — Le partage peut être opéré : soit à l'amiable par le consentement des cohéritiers, quand ils sont majeurs, soit judiciairement, lorsque les cohéritiers majeurs ne s'entendent pas ou lorsque parmi les héritiers il y a un mineur.

Partage amiable. — Le partage amiable peut être fait par les cohéritiers eux-mêmes, dans un acte sous seing privé, ou avec l'aide d'un notaire chargé par les parties de liquider la succession.

Partage judiciaire. — Le partage judiciaire comprend une série de formalités dont voici l'indication sommaire :

La partie la plus diligente fait prononcer par le tribunal un jugement ordonnant le partage.

Ce jugement nomme un notaire pour préparer la liquidation de la succession, et un juge commissaire chargé de surveiller et de contrôler les opérations du notaire.

Si les biens de la succession sont de telle sorte que le notaire puisse faire des lots d'égale valeur, il prépare le lotissement, en mettant dans chaque lot, la même quantité de meubles, d'immeubles, de droits ou de créances, de même nature et valeur, autant que faire se peut.

Lorsque les immeubles sont de valeur inégale, il pourra, suivant les cas :

1° Ou bien mettre l'immeuble le plus important au lot d'un héritier, en l'obligeant à payer une somme d'argent, appelée *soulte* ou *retour de lot*, au cohéritier au lot duquel est mis l'immeuble de moindre valeur ;

2° Ou bien faire vendre l'immeuble ou les immeubles, dont le partage en nature n'est pas possible, aux enchères publiques sur *licitation*, à l'audience des criées du tribunal civil.

Si l'acquéreur de l'immeuble est un étranger à la succession, la licitation est considérée comme une vente proprement dite. Si l'acquéreur est un des cohéritiers, la licitation est traitée non comme une vente, mais comme un partage.

De l'obligation de garantie. — Les cohéritiers sont garants les uns à l'égard des autres des immeubles mis à leur lot ; cela veut dire que si l'un des cohéritiers est évincé par un tiers de l'immeuble mis à son lot, il aura le droit de se faire indemniser par les cohéritiers du préjudice que cette dépossession lui fait éprouver.

Cette obligation de garantie est destinée à maintenir l'égalité entre les cohéritiers.

Privilège des co-partageants. — Pour garantir l'exécution des obligations précédemment indiquées, — obligation de payer la soulte, obligation de payer le prix de licitation lorsque l'acquéreur est un héritier, obligation de garantie, au cas d'éviction, — la loi a donné au copartageant un privilège sur l'immeuble qui a donné naissance à la soulte, sur l'immeuble licité, ou sur tous les immeubles de la succession.

Du caractère déclaratif du partage. — En droit français, le partage est un acte déclaratif et non un acte attributif de propriété ; cela veut dire que chaque héritier est censé tenir ses droits sur les biens mis à son lot, non pas de ses cohéritiers, mais directement du défunt ; en sorte que l'état d'indivision est censé n'avoir jamais existé (art. 883, C. civ.).

Voici la conséquence pratique la plus importante qui en résulte :

L'un des cohéritiers, Primus, a, avant le partage, constitué une hypothèque sur l'immeuble A, pour la part dont il était copropriétaire : par l'effet du partage, cet immeuble est mis au lot d'un autre héritier, Secundus. Secundus étant censé tenir l'immeuble du défunt, et non de son cohéritier Primus, n'aura pas à subir l'hypothèque que celui-ci avait consentie pendant l'indivision.

2° **Du rapport.** — L'héritier qui accepte une succession est obligé de rapporter :

1° Les donations entre vifs qu'il a reçues du vivant du défunt ;

2° Les legs que le défunt lui a faits dans son testament ;

3° Le montant des dettes dont il était tenu à l'égard du défunt.

1° **Du rapport des donations entre vifs.** — Le rapport des donations entre vifs consiste dans l'obligation pour l'héritier, venant à une succession, de remettre dans la succession tout ce qu'il a reçu du défunt par donation entre vifs, directement ou indirectement (art. 843, C. civ.).

Fondement de l'obligation du rapport. — Cette obligation a un double fondement ; d'abord, l'intention présumée du défunt. La loi présume qu'en faisant une donation à l'un de ses héritiers, le défunt a voulu tout simplement faire jouir par anticipation cet héritier de la part qui devait lui revenir à sa mort, et non pas l'avantager au détriment de ses autres héritiers, en lui donnant ce bien en outre de la portion qui doit lui revenir plus tard, dans sa succession.

Ensuite, c'est l'idée d'égalité à maintenir entre les cohéritiers, principe essentiel qui a inspiré les dispositions du Code en matière de partage de successions.

Exception à l'obligation du rapport. — Le rapport n'est pas dû, lorsque le donateur a formellement dispensé son héritier de cette obligation.

Les donations soumises au rapport sont appelées *donations en avancement d'hoirie.*

Les donations dispensées du rapport sont appelées *donations par préciput et hors part.*

Comment s'effectue le rapport. — En principe, le rapport s'effectue, en nature, pour les immeubles, c'est-à-dire que l'immeuble doit être remis matériellement dans la succession.

Pour les meubles, le rapport a lieu *en moins prenant*, c'est-à-dire que leur valeur est déduite de la part de l'héritier tenu du rapport.

2° **Du rapport des legs.** — L'héritier qui est institué légataire par le défunt dans son testament, doit, s'il accepte la succession, rapporter le legs, à moins que le legs n'ait été fait par préciput et hors part.

Le rapport sera fait en moins prenant, c'est-à-dire en ne se faisant pas délivrer le legs.

3° **Du rapport des dettes.** — L'héritier est tenu de rapporter à ses cohéritiers ce qu'il devait au défunt.

Le rapport est fait en moins prenant ; en ce sens que l'héritier précomptera sur sa part le montant de sa dette envers le défunt.

b) *Obligations des héritiers à l'égard des créanciers du défunt.*

Paiement des dettes héréditaires. — A l'égard des créanciers du défunt, l'obligation des héritiers consiste à payer les dettes héréditaires.

Mesure dans laquelle les héritiers sont tenus des dettes. — Ainsi que nous l'avons dit plus haut, les héritiers légitimes sont tenus du paiement des dettes, même au delà de ce qu'ils recueillent (1), les successeurs irréguliers, à concurrence seulement de ce qu'ils reçoivent.

Étendue du droit de poursuite des créanciers contre chaque héritier. — Les dettes chirographaires du défunt se divisent de plein droit entre les héritiers, en proportion de leur part héréditaire. C'est dans cette limite que chaque héritier peut être poursuivi par les créanciers du défunt.

Pour les dettes garanties par une hypothèque, il en est différemment : l'héritier au lot duquel l'immeuble hypothéqué est mis, peut être obligé de payer le montant intégral de l'obligation, sauf le droit qui lui appartient, après avoir payé, de se faire rembourser par ses cohéritiers, en proportion de leur part héréditaire.

(1) Sauf ce que nous dirons plus loin au sujet du bénéfice d'inventaire.

Exemple. — Le défunt laisse trois enfants : Primus, Secundus, Tertius, et son patrimoine est grevé d'une obligation s'élevant à la somme de 3.000 francs. Chacun des héritiers ne pourra être poursuivi que pour 1.000 francs. Cependant, si cette dette était garantie par une hypothèque sur un immeuble mis au lot de Primus, celui-ci serait obligé pour éviter la saisie de payer le montant intégral, soit 3.000 francs, sauf à se retourner contre Secundus pour 1.000 francs, et contre Tertius pour 1.000 francs.

c) *Obligations des héritiers à l'égard du fisc.*

Droits de mutation dus à raison de la transmission des biens d'une personne décédée. — Chaque héritier doit acquitter au profit du trésor des droits de mutation dont le montant varie suivant le degré de parenté.

Ces droits sont ainsi établis :

En ligne directe, 1.25 0/0 de la part héréditaire ;

Entre époux, 3.75 0/0 ;

Entre frères et sœurs, oncles et tantes, neveux et nièces, 8.25 0/0 ;

Entre grands-oncles, grand'tantes, petits-neveux, petites-nièces, et cousins germains, 8.75 0/0 ;

Entre parents au 5e et au 6e degré, 10 0/0 ;

Entre parents au delà du 6e degré et personnes non parentes, 10 et 11.25 0/0 ;

Déclarations imposées aux héritiers. — Pour assurer le paiement de ces droits, la loi oblige les héritiers à faire une déclaration de succession dans un délai de six mois à compter du jour du décès.

Le retard dans la déclaration est puni par le paiement d'un demi-droit en sus de la perception du droit.

L'omission dans la déclaration est punie par le paiement d'un droit en sus à raison des objets omis, indépendamment du droit simple sur la valeur de ces objets.

En cas d'insuffisance d'évaluation, il est dû un supplément de droit et un droit en sus.

Notons que le taux des droits est calculé sur le montant

brut de la succession, les dettes non déduites ; en sorte qu'un héritier qui a accepté purement et simplement une succession obérée, non seulement est tenu de payer les dettes du défunt sur sa fortune personnelle, mais devra, en outre, acquitter des droits de succession au trésor. Ce qui est injuste.

Ajoutons que toute cette matière des droits de succession va être incessamment remaniée ; le projet de budget pour 1895 contient d'importantes réformes à cet égard.

Du partage au point de vue fiscal. — En raison de son caractère déclaratif, le partage ne donne pas lieu à la perception d'un droit proportionnel, mais d'un droit fixe gradué variant de 5 francs à 20 francs.

Le partage, comme la licitation au profit d'un cohéritier, n'est pas soumis, même en ce qui concerne les immeubles, à la formalité de la transcription sur les registres du conservateur des hypothèques.

§ 4. — Du bénéfice d'inventaire.

Définition. — L'acceptation sous bénéfice d'inventaire est un parti que peut prendre l'héritier, lorsqu'il craint que la succession ne soit obérée, pour échapper au paiement intégral des dettes. Un mineur ne peut accepter une succession que sous bénéfice d'inventaire.

Conditions de forme. — L'acceptation sous bénéfice d'inventaire est subordonnée à deux conditions :

1° Un inventaire dressé par un notaire, dans les trois mois de l'ouverture de la succession ;

2° Une déclaration de l'héritier au greffe du tribunal civil dans les 40 jours qui suivent.

Effets du bénéfice d'inventaire. — L'acceptation sous bénéfice d'inventaire produit deux effets :

1° Il procure à l'héritier l'avantage de n'être tenu du paiement des dettes de la succession que jusqu'à concurrence de la valeur des biens qu'il a recueillis, et même de pouvoir se décharger du paiement des dettes, en abandonnant tous les biens de la succession aux créanciers et aux légataires ;

2° Il empêche la confusion du patrimoine personnel de l'héritier avec celui du défunt, en sorte que l'héritier conserve contre la succession les droits de créance qu'il avait, de même qu'il reste tenu des dettes envers le défunt (art. 802, C. civ.).

Condition juridique de l'héritier bénéficiaire. — L'héritier bénéficiaire a une double qualité :

1° Il est héritier, et à ce titre, propriétaire des biens de la succession ;

2° Il est administrateur des biens de la succession pour le compte des créanciers et des légataires, dont il détient le gage. A ce titre, il est chargé de liquider la succession en désintéressant les créanciers du défunt et les légataires, dans la limite des forces de l'hérédité.

Cette seconde qualité empêche l'héritier d'accomplir des actes qu'il pourrait faire s'il n'était que simple héritier. Quoique propriétaire, il ne peut aliéner librement les immeubles héréditaires ; il est obligé de suivre certaines règles de formes destinées à sauvegarder les intérêts des créanciers et des légataires, sous peine d'être déchu du bénéfice d'inventaire, et d'être traité comme un héritier pur et simple.

Liquidation de la succession. — L'héritier est chargé de liquider la succession, c'est-à-dire de payer les créanciers et les légataires. Le paiement a lieu différemment suivant qu'il y a eu opposition au paiement, ou qu'il n'y a pas eu d'opposition.

Si une opposition a été faite, il y aura lieu à la procédure de la contribution dont il sera parlé dans la section quatre (1). On paiera d'abord les créanciers, puis les légataires. Si le passif dépasse l'actif, les légataires ne seront pas payés ; et les créanciers ne recevront qu'une part proportionnelle de leur créance.

Lorsqu'il n'y a pas opposition, l'héritier bénéficiaire paie les légataires et les créanciers, au fur et à mesure qu'ils se présentent.

(1) Voir *infrà*, page 243.

RÉSUMÉ 21. — Des successions légitimes.

- **I. Différentes classes d'héritiers**
  - 1° *Héritiers légitimes.* (4 ordres)
    - *a.* Descendants ;
    - *b.* Frères et sœurs ;
    - *c.* Ascendants ;
    - *d.* Collatéraux (jusqu'au 12e degré).
  - 2° *Successeurs irréguliers*
    - *a.* Enfants naturels ;
    - *b.* Conjoint survivant ;
    - *c.* État.
- **II. Égalité entre les enfants.**
  - 1° *Suppression* — Du droit d'aînesse et du privilège de masculinité.
  - 2° *Représentation* — *Fiction* de la loi qui permet au petit-fils d'emprunter le degré de son père prédécédé pour recueillir la succession de son grand-père, en concours avec ses oncles.
- **III. Obligations des héritiers.**
  - 1° *Dans leurs rapports entre eux*
    - *a. Subir le partage.* (Nul n'est tenu de rester dans l'indivision.)
    - *b. Faire le rapport.*
      - 1° Des donations en avancement d'hoirie ;
      - 2° Des legs ;
      - 3° Des dettes.
    - *c. Payer les soultes* qui ont pu être mises à leur charge ;
    - *d. Payer le prix de licitation*, lorsqu'il y a lieu ;
    - *e. Garantir* les cohéritiers contre l'éviction des biens mis à leur lot.
  - 2° *A l'égard des créanciers du défunt.*
    - *a.* Payer les dettes, même au delà de l'actif, en ce qui concerne les héritiers légitimes, lorsqu'ils ont accepté purement et simplement.
    - *b.* Les dettes se divisent de plein droit entre les héritiers : chacun ne peut être poursuivi que pour sa part héréditaire.
  - 3° *A l'égard du fisc.*
    - *a.* Faire la déclaration de succession à l'enregistrement dans les 6 mois ;
    - *b.* Acquitter les droits de mutation.

IV. Bénéfice d'inventaire.	1° *Définition.*	Parti intermédiaire entre l'acceptation et la renonciation.
	2° *Conditions.*	a. Inventaire dans les 3 mois ; b. Déclaration au greffe dans les 40 jours qui suivent.
	3° *Effets.*	a. Limite l'obligation de l'héritier, quant aux dettes, l'émolument qu'il prend ; b. Empêche la confusion des patrimoines.

CHAPITRE II. — DU TESTAMENT.

Division du chapitre. — Nous diviserons ce chapitre en 3 paragraphes.

§ 1. — Notions générales sur le testament ;
§ 2. — Différentes formes du testament ;
§ 3. — Différentes espèces de legs.

§ 1. — Notions générales sur le testament.

Définition. — Le testament est l'acte par lequel une personne dispose de tout ou partie de ses biens pour le temps où elle n'existera plus.

Le disposant s'appelle testateur, le bénéficiaire de la disposition s'appelle légataire.

Ressemblance entre le testament et les donations entre vifs. — Le testament ressemble à la donation entre vifs aux points de vue suivants :

1° L'un et l'autre constituent des libéralités ; ce sont les deux modes de disposition à titre gratuit organisés par le Code civil ;

2° L'un et l'autre sont également soumis aux règles établies par la loi sur le rapport entre cohéritiers, et sur la *réduction* des libéralités excessives au profit de certains héritiers, dits *réservataires*.

3° La capacité requise pour recevoir ou pour disposer est en général la même pour la donation et pour les legs.

Cependant, la femme mariée qui ne peut faire une donation entre vifs sans l'autorisation de son mari, peut cependant disposer sans autorisation par testament.

De même, le mineur ne peut pas, sauf à l'égard de son futur époux, dans son contrat de mariage, faire une donation entre vifs. Il peut, au contraire, s'il a plus de 16 ans, disposer par testament de la moitié de ce qu'il aurait pu disposer s'il eût été majeur.

Différences entre le legs et la donation entre vifs. — 1° La donation entre vifs est un contrat, exigeant l'accord de deux personnes, du donateur et du donataire ; le testament au contraire, n'est pas un contrat. C'est un acte émanant de la seule volonté du testateur ;

2° La donation est actuelle, c'est-à-dire qu'elle est destinée à produire ses effets immédiatement. Le testament n'est pas actuel ; il ne doit produire d'effets qu'à la mort du testateur.

Aussi, pour que le légataire puisse recueillir le bénéfice de son legs, faut-il qu'il survive au testateur : s'il mourait avant lui, la disposition serait dite *caduque*, comme en matière de succession ;

3° La donation est irrévocable ; « donner et retenir ne vaut » disait-on dans notre ancien droit ; cette règle est passée dans le Code civil. Le donateur ne peut ni directement ni indirectement retirer au donataire le bénéfice de la libéralité qu'il lui a faite.

Au contraire, le testament est essentiellement révocable, jusqu'à la mort du testateur. Celui-ci peut le révoquer, soit expressément, par une manifestation formelle de volonté, dans un autre testament, soit tacitement, en faisant un autre testament dont les dispositions sont incompatibles avec celles qui sont contenues dans le premier ;

4° La donation entre-vifs doit toujours être faite par acte notarié. C'est un des rares contrats solennels du droit français (1).

(1) Les contrats solennels en droit français, sont au nombre de cinq : 1° la donation entre vifs ; 2° le mariage ; 3° le contrat de mariage ; 4° le contrat d'adoption ; 5° le contrat d'hypothèque.

Au contraire, le testament, nous le verrons, peut être fait sous signature privée.

Des cas où l'on peut disposer de sa succession par contrat. — Nous venons de voir que le testament n'est pas un contrat et qu'il est, en conséquence, essentiellement révocable.

Le Code civil admet, cependant, un mode de disposer de la succession par contrat, qui engage dans une certaine mesure le disposant : C'est l'*institution contractuelle* ou donation de biens à venir.

L'*institution contractuelle* est le contrat à titre gratuit, par lequel une personne donne à une autre personne tous les biens qu'elle laissera à sa mort. Elle est ainsi appelée de ce qu'elle contient une institution d'héritier par contrat.

Ce mode de disposition ne peut être employé que dans deux cas :

1° Dans un contrat de mariage une institution contractuelle peut être faite : par un des futurs époux au profit de son futur conjoint, ou par un tiers, au profit de l'un des futurs époux ;

2° Au cours du mariage une institution contractuelle peut être faite par un époux au profit de son conjoint.

Effets de l'institution contractuelle. — Lorsque l'institution contractuelle a lieu entre époux au cours du mariage, elle est révocable au gré de l'époux donateur, par application de la règle commune à toutes les donations entre époux.

Lorsque l'institution contractuelle est faite dans un contrat de mariage, elle est irrévocable, dans la mesure suivante :

Le donateur ne peut plus désormais disposer de ses biens à titre gratuit, soit par testament, soit par donation entre vifs ; de pareilles dispositions seraient nulles.

Mais, il conserve la faculté d'aliéner ses biens à titre onéreux par ventes, échanges, et de les grever de droits réels, hypothèques, servitude, etc. (à titre onéreux également).

§ 2. — Différentes formes de testament.

Des trois sortes de testament. — La loi reconnaît trois sortes de testament :

1° Le testament olographe ;

2° Le testament authentique ;

3° Le testament mystique.

1° Testament olographe. — Le testament olographe est celui qui est fait, par acte sous seing privé, par le testateur lui-même.

Pour être valable, il doit remplir les conditions suivantes : (art. 970, C. civ.).

a) Être écrit en entier de la main du testateur.

b) Être daté — —

c) Être signé — —

Pour éviter les risques de perte ou de disparition de ce testament, il arrive souvent qu'on en dépose un exemplaire chez un notaire ou chez un ami.

2° Testament authentique ou public. — Le testament authentique est celui qui est reçu par deux notaires, en présence de deux témoins, ou par un notaire, en présence de quatre témoins.

Le testament doit être dicté par le testateur, et écrit par le notaire, ou l'un des notaires, tel qu'il est dicté.

Puis le testament est lu au testateur, en présence des témoins.

Il doit être fait mention expresse que ces deux formalités, — dictée au notaire, lecture au testateur — ont été remplies.

Enfin, le testament doit être signé par le testateur (1) et par les témoins (2).

Ne peuvent être pris pour témoins du testament ni les

(1) Si le testateur ne sait ou ne peut signer le testament portera mention de cette déclaration, ainsi que de la cause qui l'empêche de signer (art. 973, C. civ.).

(2) Dans les campagnes, il suffit qu'un des deux témoins signe, si le testament est reçu par deux notaires, et que deux des quatre témoins signent, s'il est reçu par un notaire (art. 974, C. civ.).

légataires, ni leurs parents ou alliés jusqu'au 4e degré inclusivement, ni les clercs des notaires par lesquels les actes sont reçus (art. 971 à 975, C. civ.).

3° **Testament mystique ou secret.** — Le testament authentique présente l'inconvénient de livrer à la publicité le secret de la dernière volonté du disposant. Cet inconvénient est évité avec le testament mystique.

Le testateur rédige lui-même son testament, ou le fait rédiger par une autre personne ; et il le signe. Il clôt et scelle le papier qui contient ce testament ou le papier qui lui sert d'enveloppe.

Il présente son testament ainsi clos et scellé à un notaire, en présence de six témoins, ou il le fait clore et sceller en leur présence et il déclare que le contenu en ce papier est son testament écrit et signé de lui, ou écrit par un autre et signé de lui.

Le notaire en dresse *l'acte de suscription* qui est écrit sur ce papier ou sur la feuille qui lui sert d'enveloppe. Cet acte doit être signé par le testateur, le notaire, et par les témoins. (art. 976, C. civ.).

Si le testateur ne sait ou ne peut signer, il sera appelé à l'acte de suscription un témoin supplémentaire, qui signera l'acte avec les autres témoins (art. 977, C. civ.).

Ceux qui ne savent ou ne peuvent lire ne peuvent faire de dispositions dans la forme du testament mystique (art. 978, C. civ.).

Si le testateur ne peut parler, mais s'il peut écrire, il peut faire un testament mystique, pourvu que le testament soit entièrement écrit, daté et signé de sa main, qu'il le présente au notaire et aux témoins, et qu'au haut de l'acte de suscription il écrive en leur présence, que le papier qu'il présente est son testament. Après quoi, le notaire écrira l'acte de suscription, dans lequel il sera fait mention que le testateur a écrit ces mots en présence du notaire et des témoins (art. 979).

Des formalités pour l'ouverture des testaments. — L'ouverture du testament olographe et du testament mystique est soumise à des règles particulières.

Le testament olographe, avant d'être mis à exécution, doit être présenté au président du tribunal de première instance. Ce testament sera ouvert s'il est cacheté. Le président dressera procès-verbal de la présentation, de l'ouverture et de l'état du testament, dont il ordonnera le dépôt entre les mains d'un notaire (art. 1007, C. civ.).

Les mêmes règles doivent être observées, en ce qui concerne le testament mystique, avec cette seule particularité que l'ouverture ne pourra se faire qu'en présence de ceux des notaires et des témoins signataires de l'acte de suscription, qui seront sur les lieux, ou eux appelés (art. 1008, C. civ.).

Des conditions fiscales du testament — Le testament doit être fait sur papier timbré, comme d'ailleurs tous les actes juridiques.

Il doit être enregistré dans les trois mois de l'ouverture de la succession.

La sanction de cette double prescription consiste dans une amende. Mais l'acte n'est pas nul pour ce motif. C'est en effet, un principe général que l'inobservation des règles établies par la loi au point de vue fiscal, ne compromettent en aucune façon la validité des actes eux-mêmes.

§ 3. — Différentes espèces de legs.

Des trois espèces de legs. — La loi distingue trois espèces de legs :

Le legs universel ;

Le legs à titre universel ;

Et le legs à titre particulier.

Le *legs universel* est la disposition testamentaire par laquelle le testateur laisse à une ou à plusieurs personnes la totalité de ses biens.

Le *legs à titre universel* est celui par lequel le testateur lègue une quote-part de ses biens, telle qu'une moitié, un tiers, ou tous ses immeubles ou tout son mobilier, ou une quotité fixe de tous ses immeubles ou de tout son mobilier.

Le *legs à titre particulier* est tout legs qui n'est ni universel, ni à titre universel (art. 1003, C. civ.).

Des définitions qui précèdent, il résulte que le legs par lequel une personne dispose de l'usufruit de tous ses biens ou d'une quote-part de ses biens, doit être considéré, quoique cette solution paraisse au premier abord étrange, comme un legs à titre particulier.

Division du paragraphe. — Nous allons examiner la situation du légataire.

1° Au point de vue de l'acquisition de la propriété des choses léguées ;

2° Au point de vue de la mise en possession du légataire ;

3° Au point de vue des intérêts et des fruits ;

4° Au point de vue du paiement des dettes héréditaires ;

5° Au point de vue de la garantie donnée par la loi au légataire pour assurer l'exécution du legs.

1° Acquisition de la propriété des choses léguées. — Le légataire acquiert de plein droit dès l'ouverture de la succession, comme l'héritier et le successeur irrégulier, la propriété des choses léguées dont le testateur était lui-même propriétaire au moment de sa mort (1).

2° Mise en possession du légataire. — Au point de vue de la mise en possession du légataire, il faut distinguer, suivant la nature du legs :

a) *Légataire universel.* — Si le défunt laisse des héritiers réservataires, (descendants ou ascendants), et institue une autre personne légataire universel, les héritiers réservataires sont *saisis* des biens de la succession ; le légataire universel ne pourra pas se mettre lui-même en possession de son legs, il devra en demander la délivrance aux héritiers (art. 1004, C. civ.).

Si le défunt ne laisse pas d'héritiers réservataires, le légataire universel aura le bénéfice de la saisine légale : il pourra se mettre en possession sans accomplir aucune formalité,

(1) Il faut noter que le legs de la chose d'autrui est nul ; cela signifie que si la chose que le testateur a léguée ne lui appartient pas, d'abord, cela est évident, le légataire ne devient pas propriétaire de cette chose ; bien plus, il ne peut réclamer à l'héritier la valeur de cette chose.

pourvu que le testament qui l'a institué soit authentique (art. 1006, C. civ.).

Dans le cas du testament olographe ou mystique le légataire universel devra se faire envoyer en possession par une ordonnance du président, mise au bas d'une requête à laquelle sera joint l'acte de dépôt (art. 1008, C. civ.).

b) *Légataire à titre universel.* — Le légataire à titre universel n'a jamais la saisine ; il doit toujours demander son envoi en possession. Cette demande en délivrance devra être adressée à l'héritier ou au légataire universel, suivant la distinction précédente.

c) *Légataire à titre particulier.* — Le légataire à titre particulier ne peut se mettre en possession de l'objet qui lui est légué, qu'après en avoir obtenu la délivrance de celui à la charge duquel le legs a été imposé (héritier ou légataire).

3° **Acquisition des intérêts et des fruits.** — a) *Légataire universel* : il acquiert les fruits des biens héréditaires dès l'ouverture de la succession, lorqu'il est saisi.

Lorsqu'il n'a pas la saisine, il n'a droit aux fruits dès l'ouverture de la succession que s'il a formé son action en délivrance dans l'année, sinon, il n'a droit aux fruits que du jour de sa demande (art. 1005, C. civ.).

b) *Légataire à titre universel.* — Dans le silence de la loi, nous pensons que le légataire à titre universel doit être assimilé sur ce point au légataire universel (sauf controverse).

c) *Légataire à titre universel.* — En principe, il n'a droit aux intérêts et aux fruits de la chose léguée qu'à partir de la demande en délivrance (art. 1014, C. civ.).

Par exception, les fruits sont dus depuis l'ouverture de la succession.

1° Lorsque le testateur a expressément déclaré sa volonté dans le testament à cet égard ;

2° Lorsqu'une rente viagère ou une pension a été léguée à titre d'aliments (art. 1015, C. civ.).

4° **Paiement des dettes héréditaires.** — Seuls les légataires universels et à titre universel sont tenus du paiement des dettes héréditaires. Cette obligation n'incombe pas aux légataires à titre particulier.

A notre avis, le légataire universel et le légataire à titre universel ne sont tenus de payer les dettes que dans la mesure de l'actif qu'ils prennent (*intra-vires*), comme les successeurs irréguliers. Mais cette solution n'est pas admise par la jurisprudence.

Comme les héritiers et les successeurs irréguliers (1), ils peuvent être poursuivis par les créanciers du défunt, personnellement, pour leur part et portion dans la succession, hypothécairement pour le tout.

5° Garantie destinée à assurer l'exécution des legs. — Hypothèque des légataires. — Pour assurer l'exécution du legs, la loi confère au légataire une hypothèque sur tous les immeubles de la succession.

APPENDICE. — Limitations apportées par la loi au droit de disposer de ses biens par donation ou testament.

Énoncé du principe. — Il est certaines personnes que la loi a voulu mettre à l'abri des libéralités excessives faites par le défunt, soit par donations entre vifs, soit par testament ; la loi a voulu qu'une partie de la fortune du défunt revînt nécessairement à ces personnes et ne pût leur être enlevée au profit de tiers. Les personnes ainsi favorisées par la loi sont appelées, héritiers *réservataires*. Ce sont les descendants et les ascendants.

Lorsque le défunt laisse des héritiers de cette catégorie, il y a 2 parts à faire dans sa fortune : l'une dont il peut faire des libéralités valablement, *la quotité disponible*, l'autre qui doit rester dans sa succession, *la réserve*.

Étendue de la quotité disponible (2). — a) *Le défunt*

(1) Voir *supra*, page 224.

(2) A l'égard du conjoint du donateur; la quotité disponible est ainsi établie (art. 1094, 1098, C. civ.).

1er *Cas : Le donateur ne laisse pas de descendants, mais des as-*

laisse des enfants. — La quotité disponible varie suivant le nombre des enfants : elle est de la moitié, s'il n'a qu'un enfant ; elle est du tiers, s'il a 2 enfants ; elle est du quart, s'il en a 3 ou un plus grand nombre.

La réserve se trouve ainsi établie par voie indirecte : elle est de moitié, des deux tiers, ou des trois quarts de la succession.

b) *Le défunt laisse des ascendants.* — La quotité est de moitié, s'il y a des ascendants dans les deux lignes paternelle et maternelle ; des trois quarts, s'il n'y en a que dans une ligne. En sorte que la réserve est d'un quart pour chaque ligne.

Sanction des règles sur la réserve et la quotité disponible. — La sanction des règles précédentes est la réduction des libéralités excessives.

Pour les donations, la réduction s'opère sur celles qui sont les plus récentes, en remontant dans le passé.

Pour les legs, la réduction est opérée proportionnellement au montant des legs.

cendants. — Il peut disposer au profit de son conjoint de la quotité disponible ordinaire, plus de la réserve des ascendants.

2° *Cas : Le donateur laisse des enfants* : *a*) Si ce sont des enfants communs, il peut disposer au profit de son conjoint d'un quart en propriété et d'un quart en usufruit ou de moitié en usufruit. — *b*) Si ce sont des enfants qu'il a eus d'un précédent mariage, il ne peut disposer au profit de son conjoint que d'une part d'enfant le moins prenant, sans que cette part puisse excéder un quart de la succession.

RÉSUMÉ 28. — Du testament et des legs.

I. Définition.	Acte par lequel le défunt dispose de sa fortune pour le temps où il n'existera plus.	
II. Différentes formes.	1° *Olographe.*	a. Ecrit. b. Daté. c. Signé de la main du testateur.
	2° *Authentique ou public.*	a. 2 notaires et 2 témoins ou 1 notaire et 4 témoins. b. Dictée au notaire. c. Lecture au testateur. d. Signature.
	3° *Mystique ou secret.*	a. Ecrit par le testateur ou une autre personne ; b. Présenté à un notaire, en présence de 6 témoins ; c. Acte de suscription.
III. Différentes espèces de legs.	1° *L. universel.* 2° *L. à titre universel.* 3° *L. à titre particulier.*	

SECTION IV. — Comment on défend ses droits.

Idée générale de la procédure civile. — Dans les développements qui précèdent, nous avons fait connaître l'ensemble des droits dont une personne peut se trouver investie, dans le cercle des relations de la vie privée.

Or, il est à prévoir que ces droits ne soient méconnus ou violés par ceux à l'égard desquels ils existent. En prévision de cette méconnaissance ou de cette violation, le législateur a organisé des tribunaux dont nous avons fait connaître plus haut la composition, pour statuer sur les conflits d'intérêt qui pourraient s'élever entre particuliers. Cela ne suffisait pas ; il fallait, en outre, déterminer les règles suivant lesquelles une personne lésée dans ses droits pourrait saisir le tribunal compétent de sa réclamation; celles que le tribunal lui-même devrait observer pour instruire l'affaire, se former une conviction sur le litige, et rendre son jugement; enfin, le jugement prononcé, si la partie condamnée refusait de s'exécuter, il fallait donner à l'autre partie les moyens de l'y contraindre par l'emploi de procédés coercitifs.

C'est l'ensemble de ces règles qui forme ce qu'on appelle la *procédure civile.*

Organisation générale de la procédure. — Pour les exposer le plus clairement possible, nous nous placerons dans l'hypothèse la plus simple, et en même temps, la plus usuelle, d'un débiteur ne s'acquittant pas de sa dette envers son créancier, à l'époque convenue, et nous supposerons que l'affaire soit de la compétence du tribunal civil d'arrondissement.

Nous diviserons la procédure en quatre phases :

1° Introduction de l'instance ;

2° Marche de la procédure devant le tribunal et jugement ;

3° Voies de recours contre le jugement ;

4° Voies d'exécution du jugement.

1° Introduction de l'instance. — L'instance débute par une citation en conciliation devant le juge de paix, que le demandeur adresse au défendeur (art. 48 à 58, C. pr. civ.).

C'est là une procédure préalable que la loi impose aux parties dans l'espoir de mettre fin au procès à son origine, en amenant une transaction.

Si les parties se concilient, tout est terminé.

Si, au contraire, elles ne peuvent s'entendre, l'affaire suivra son cours et sera portée devant le tribunal civil.

2° Marche de la procédure devant le tribunal et jugement. — Le demandeur assigne le défendeur à comparaître à huitaine par un acte d'huissier connu sous le nom *d'ajournement.* Dans cet acte il constitue un avoué pour le représenter devant le tribunal (art. 59 à 75, C. pr.).

Dans les huit jours qui suivent, le défendeur doit comparaître, c'est-à-dire constituer avoué, sous peine d'être condamné par défaut.

L'affaire est mise au rôle d'une des chambres du tribunal,

et quand son tour arrive, les avoués posent au nom des parties leurs conclusions, et les avocats plaident.

Le ministère public fait connaître son avis sur l'affaire dans des conclusions verbales ; et le tribunal prononce son jugement. Il doit délibérer en secret. Mais la sentence est toujours rendue publiquement.

Si la conviction du tribunal est faite, tous les éléments d'information se trouvant réunis, il rendra un jugement sur le fond de l'affaire, condamnant le débiteur à payer au créancier le montant de sa dette, ou déboutant le demandeur de sa requête.

Au contraire, si le tribunal ne se sent pas suffisamment renseigné, après les plaidoiries des avocats il pourra rendre un jugement, *avant dire droit*, ordonnant une mesure d'instruction, telle qu'une enquête, une expertise, la comparution personnelle des parties, etc. Puis, l'instruction terminée, il rendra un jugement sur le fond même de l'affaire (1).

3° Voies de recours contre le jugement. — *Appel.* — Le jugement du tribunal pourra être attaqué par voie d'appel devant la Cour lorsque la demande est supérieure à 15.000 fr. en principal, en matière mobilière.

L'appel est *dévolutif*, c'est-à-dire qu'il remet tout en question devant la Cour qui examine l'affaire dans tous ses détails comme a fait le tribunal de première instance, tant au point de vue du droit qu'au point de vue du fait.

La procédure devant la Cour d'appel est à peu près la même que devant le tribunal du 1er degré :

Ajournement de l'appelant, constitution d'avoué du défendeur en appel, ou *intimé* ; inscription au rôle d'une chambre : position des conclusions par les avoués, plaidoiries des avocats ; prononcé de l'arrêt par la Cour.

(1) L'appel est le recours ordinaire contre les *jugements contradictoires* ; l'opposition, le recours ordinaire contre les *jugements par défaut*. Le pourvoi en cassation est au contraire une voie de recours extraordinaire. D'autres voies de recours extraordinaires sont organisées par notre Code de procédure civile. Nous ne ferons que les indiquer : la *requête civile*, la *tierce opposition* et la *prise à partie*.

Pourvoi en cassation. — A son tour l'arrêt de la Cour d'appel peut être l'objet d'un pourvoi en cassation. Mais, ainsi que nous l'avons dit plus haut, à l'organisation judiciaire, la Cour de cassation ne constitue pas un 3e degré de juridiction.

Elle n'examine pas l'affaire, au point de vue du fait, elle tient pour certaines et démontrées, les circonstances qui ont été admises par la Cour d'appel ; elle recherche seulement si la loi a été appliquée et sainement interprétée ; d'autre part, elle ne statue pas elle-même : ou bien elle maintient, ou bien elle casse la décision.

Le pourvoi est introduit par un mémoire présenté par une classe particulière d'officiers ministériels, les *avocats à la Cour de cassation et au Conseil d'État*. Il est examiné en premier lieu par la Chambre des requêtes, après les conclusions et la plaidoirie de l'avocat du requérant, et les conclusions du Ministère public ; l'autre partie ne figure pas à l'instance, elle n'est même pas avisée du pourvoi.

La chambre des requêtes rejette le pourvoi ou le déclare admissible.

Dans le premier cas, tout est terminé. Dans le second cas, l'affaire est portée à la chambre civile ; l'adversaire est avisé, il peut faire présenter un mémoire en réponse par un avocat à la Cour de cassation ; un débat contradictoire peut ainsi avoir lieu devant la chambre civile.

La chambre civile rejette le pourvoi ou l'admet. Dans le second cas, elle casse l'arrêt de la Cour d'appel, et renvoie l'affaire devant une autre Cour d'appel ; cette Cour peut statuer dans le même sens que la première. Si elle le fait, un pourvoi sera possible ; il sera porté devant les Chambres réunies de la Cour de cassation siégeant en audience solennelle. Si la Cour de cassation persiste dans sa manière d'interpréter la loi, elle cassera le nouvel arrêt, et renverra les parties devant une 3e Cour d'appel, mais celle-ci sera liée par la nouvelle décision de la Cour de cassation et devra statuer dans le même sens qu'elle.

4e Voies d'exécution du jugement. — Le débiteur condamné peut s'exécuter volontairement, à l'amiable, ou bien refuser de satisfaire son créancier.

Lorsque le débiteur refuse de s'exécuter, le créancier a le moyen de sauvegarder ses droits en opérant des saisies sur les biens.

Diverses sortes de saisies. — On distingue dans notre législation trois sortes de saisie suivant la nature des biens sur lesquels elles portent :

1° La saisie-arrêt ;

2° La saisie-exécution ;

3° La saisie immobilière.

Saisie-arrêt. — La saisie-arrêt est celle qui est pratiquée par le créancier entre les mains du débiteur de son débiteur, pour l'empêcher de payer entre les mains de celui-ci et l'obliger à payer entre ses mains.

Exemple : Primus est créancier de Secundus, lequel est à son tour créancier de Tertius.

Primus pratiquera une saisie-arrêt en faisant à Tertius opposition de payer à Secundus, et en le faisant condamner par le tribunal à verser entre ses mains ce qu'il devait à Secundus.

Saisie-exécution. — La saisie-exécution est la saisie pratiquée sur les meubles appartenant au débiteur.

Saisie immobilière. — La saisie immobilière est celle qui est opérée sur ses immeubles.

A la suite de l'une ou de l'autre de ces deux dernières saisies, il est procédé à la vente du bien qui en fait l'objet, et le prix qui en résulte est réparti entre les divers créanciers par les soins d'un juge du tribunal, désigné à cet effet chaque année.

Procédure de contribution. — Si tous les créanciers sont *chirographaires*, c'est-à-dire s'ils n'ont pas d'autre garantie que le droit de gage général, sur les biens de leur débiteur, dont il a été parlé précédemment, le prix de vente est réparti entre eux proportionnellement au montant de leur créance, c'est ce qu'on appelle la procédure *de contribution.*

Procédure d'ordre. — Si, au contraire, il y a des créanciers privilégiés ou hypothécaires, il y a lieu d'opérer le classement de ces divers créanciers, et de déterminer le rang auquel ils seront payés sur le prix. C'est ce qu'on appelle la *procédure d'ordre*.

Appendice. — De la faillite. — La faillite est la situation d'un commerçant qui a cessé ses paiements à l'égard de ses créanciers.

Cette situation est constatée officiellement par un jugement du tribunal de commerce.

Effet de la faillite. — L'effet le plus considérable du jugement de faillite est de déposséder le commerçant de l'administration de son patrimoine (1). Cette administration lui est enlevée pour être confiée à des *syndics* qui agissent désormais à sa place, dans l'intérêt de la masse de ses créanciers.

Solution de la faillite. — Cette situation peut se dénoncer de plusieurs façons : ou bien, les créanciers estiment que leur intérêt est de laisser le failli reprendre la direction de ses affaires, en lui accordant des délais pour le paiement, ou en lui faisant remise d'une partie de la dette ; et ils lui accordent un *concordat*. Ou bien, tout espoir dans l'avenir leur semble perdu, et alors, ils refusent d'entrer en arrangement avec le failli, et poursuivent, par l'intermédiaire des syndics, la réalisation de leur gage, en faisant vendre les biens pour obtenir sur le prix un *dividende*. On dit alors qu'ils sont en état *d'union*.

Liquidation judiciaire. — La liquidation judiciaire, créée par une loi récente du 4 mars 1889, est une situation moins rigoureuse que la faillite. Elle est établie au profit du commerçant dont la cessation de paiement est le résultat, plutôt de circonstances malheureuses que du dol ou de fautes graves. Elle laisse le commerçant à la tête de ses affaires, en plaçant seulement à côté de lui un liquidateur, pour surveiller ses actes dans l'intérêt de ses créanciers. D'autre part, elle frappe le commerçant d'incapacités moins graves que la fail-

(1) Cet effet est connu sous le nom de *dessaisissement*.

lite. Elle lui fait bien perdre ses droits d'éligibilité, mais ne lui enlève pas ses droits d'électeur.

RÉSUMÉ 29. — Comment on défend ses droits.

I. Marche générale de la procédure civile.	1° *Introduction de l'instance en jugement.*	a. *Préliminaire de conciliation* devant le Juge de paix.	
		b. *Ajournement* devant le Tribunal civil.	
		c. *Jugement* prononcé par le Tribunal.	
	2° *Voies de recours.*	a. *Appel* devant la Cour.	
		b. *Pourvoi* en cassation contre l'arrêt de la Cour.	
	3° *Exécution du jugement.*	a. *Saisies.*	1° *Saisie-arrêt*, pour les créances du débiteur ;
			2° *Saisie-exécution*, pour les meubles ;
			3° *Saisie immobilière*, pour les immeubles.
		b. *Procédure de contribution.*	
		c. *Procédure d'ordre.*	
II. Faillite.	Situation d'un commerçant en état de cessation de paiement.		
	Effet essentiel : Dessaisissement. Syndics administrant à sa place.		

TABLE ANALYTIQUE DES MATIÈRES

	Pages
Préface.	5
Introduction	7
Résumé 1.	11

PREMIÈRE PARTIE

DROIT PUBLIC

Ire SECTION. — *Droits garantis aux citoyens.*

Résumé 2.	24

IIe SECTION. — *Les pouvoirs publics.*

CHAPITRE PREMIER. — Du pouvoir législatif.	27
Le Sénat et la Chambre des députés	27
§ 1. Organisation.	27
§ 2. Attributions.	33
Résumé 3.	35
CHAPITRE II. — Du pouvoir exécutif.	37
I. Le Président de la République.	37
II. Les Ministres	38
Résumé 4.	39

IIIe SECTION. — *Organisation administrative.*

CHAPITRE PREMIER. — Le département.	40
§ 1. Le Préfet	41

§ 2. Le Conseil général 43
Résumé 5. 46

CHAPITRE II. — **L'arrondissement** 47

§ 1. Le Sous-Préfet 48
§ 2. Le Conseil d'arrondissement. 48
Résumé 6. 50

CHAPITRE III. — **La Commune** 51

§ 1. Le Maire. 51
§ 2. Le Conseil municipal.. 55
Appendice : *Règles particulières au département de la Seine et à la Ville de Paris*. 58
Règles particulières à la Ville de Lyon et au département du Rhône 59
Résumé 7. 59

IV° SECTION. — ***Organisation judiciaire.***

Publicité et gratuité de la justice 61

CHAPITRE PREMIER. — **Les juridictions civiles**. . . . 62

1° *Cour de cassation*. 63
2° *Les cours d'appel*. 64
3° *Les tribunaux de première instance*. 65
4° *Les tribunaux de commerce*. 65
5° *Les juges de paix*. 65
6° *Les conseils de prud'hommes* 66
Le ministère public. 67
Les avocats, les avoués et les huissiers. 67
Résumé 8.. 68

CHAPITRE II. — **Notion sommaire des juridictions administratives**. 70

La Cour des comptes. 70
Le Conseil d'Etat. 71
Les Conseils de préfecture 72

Résumé 9. 73

Vᵉ SECTION. — *Idée générale du droit criminel.*

CHAPITRE PREMIER. — **Des personnes punissables** . . 76
Résumé 10 78

CHAPITRE II. — **Des peines** 78
Résumé 11 82

CHAPITRE III. — **Des tribunaux de répression** 83
Cours d'assises 83
Tribunaux correctionnels 85
Tribunaux de simple police 85
Procédure criminelle 85
Résumé 12 87

DEUXIÈME PARTIE

DROIT CIVIL

Iʳᵉ SECTION. — *Les personnes et la famille.*

CHAPITRE PREMIER. — **La nationalité** 89
§ 1. Dans quel cas on est français 90
§ 2. Condition des étrangers en France 92
Résumé 13 95

CHAPITRE II. — **Constitution de la famille** 97
I. *Comment se forme la famille* 97
§ 1. Le mariage 97
§ 2. L'adoption 107
Résumés 14 et 15 109
II. *La parenté et l'alliance* 111
§ 1. Notion de la parenté et de l'alliance 111
De la parenté 111
Computation des degrés en ligne directe 112

Computation des degrés en ligne collatérale 112
Dé l'alliance 114

§ 2. Conséquences juridiques de la parenté et de l'alliance 114

Enumération 114
De l'obligation alimentaire 115
Personnes entre lesquelles elle existe 115
Comment elle est acquittée 115

Résumé 16 116

III. *Droits et devoirs dans la famille. — L'autorité paternelle et l'autorité maritale* 117

§ 1. Droits et devoirs dans les rapports des parents et des enfants 117

I. Devoirs des parents et des enfants 117
II. Droits des parents sur les enfants. L'autorité paternelle. 118

§ 2. Droits et devoirs dans les rapports des deux époux. 120

I. Devoirs réciproques des époux 120
II. Droits du mari sur la femme. Autorité maritale 120

Appendice : *Légitimité des enfants. Des enfants naturels* . 122

Résumé 17 123

CHAPITRE III. — **Protection des incapables** 124

§ 1. Des mineurs (tutelle) 125
Fonctions du tuteur 126

§ 2. Des mineurs émancipés (curatelle) 127

§ 3. Des interdits (tutelle) 128
Procédure de l'interdiction 128

§ 4. Aliénés placés dans un asile (loi du 30 juin 1838) . . 129

§ 5. Prodigues et faibles d'esprit 130

Résumé 18 130

CHAPITRE IV. — **Constatation des principaux faits de la vie civile. Actes de l'état civil** 132

§ 1. Règles communes a tous les actes de l'état civil . . . 132
§ 2. Règles spéciales a chacun des actes de l'état civil. 134

APPENDICE : *Du domicile*. 135
Résumé 19 136

CHAPITRE V. — **Notion de la personnalité civile : les sociétés civiles et les sociétés commerciales.** 136

Résumé 20 142

IIe SECTION. — ***Les biens.***

Distinction des biens en meubles et immeubles . . 144
Différences essentielles entre le droit réel et le droit de créance ou droit personnel. 147

Résumé 21 150

CHAPITRE PREMIER. — **La propriété** 151

§ 1. ÉTENDUE DU DROIT DE PROPRIÉTÉ. 151
§ 2. DE LA POSSESSION COMPARÉE A LA PROPRIÉTÉ 151
Des actions possessoires 153
§ 3. COMMENT S'ACQUIERT LA PROPRIÉTÉ ?. 154
§ 4. INVIOLABILITÉ DE LA PROPRIÉTÉ. 158
§ 5. DES PRINCIPAUX DÉMEMBREMENTS DE LA PROPRIÉTÉ. . . . 159
De l'usufruit. 159
Des servitudes 159

§ 6. LA PROPRIÉTÉ LITTÉRAIRE ET INDUSTRIELLE 162
Résumé 22 164

CHAPITRE II. — **Droits de créance**. 166

§ 1. DIFFÉRENTES ESPÈCES D'OBLIGATIONS. 167
§ 2. COMMENT NAISSENT LES DROITS DE CRÉANCE. 170
Résumé 23 176

§ 3. NOTIONS SOMMAIRES SUR LES PRINCIPAUX CONTRATS. . . . 177
1° La vente. 177
2° Du contrat de louage 181
a) *Louage de choses*. 181
b) *Louage d'ouvrage ou d'industrie* 185
3° Du contrat de mariage 186
Communauté légale. 187

Régime exclusif de communauté 188
Régime de séparation de biens 188
Régime dotal. 188
Résumé 24 190
4° Du contrat de société. 191
5° Du contrat de mandat. 191
6° Du contrat de donation 192
7° Du cautionnement. 193
8° Du contrat de prêt 194
a) Prêt à usage ou commodat. 194
b) Prêt de consommation. 195
9° Du contrat d'assurance. 195
§ 4. Droits du créancier. 196
Résumé 25 200
CHAPITRE III. — **Moyens de crédit.** 201
§ 1. Des privilèges 202
§ 2. Des hypothèques 204
Appendice I : *De l'antichrèse*. 205
Appendice II : *Du gage*. 205
§ 3. Des effets de commerce. 205
Lettre de change 205
Billet à ordre 207
Billet de banque 208
Résumé 26 209
III° SECTION. — ***Les successions.***
CHAPITRE PREMIER. — **Succession déférée par la loi.** 211
§ 1. Les différentes classes d'héritiers. 211
a) *Divers ordres d'héritiers légitimes*. 213
b) *Divers ordres de successeurs irréguliers*. 216
§ 2. De l'égalité entre les enfants 218
§ 3. Les obligations des héritiers. 219
a) *Obligations des héritiers entre eux* 220
1° *Subir le partage*. 220

2° *Du rapport* 223
b) *Obligations des héritiers à l'égard des créanciers du défunt* 224
c) *Obligations des héritiers à l'égard du fisc*. 225
§ 4. Du bénéfice d'inventaire. 226
Résumé 27 227

CHAPITRE II. — **Du testament** 228

§ 1. Notions générales. 228
§ 2. Différentes formes de testament. 232
§ 3. Différentes espèces de legs. 234
Appendice : *Limitation apportée par la loi au droit de disposer de ses biens par donation ou testament* (Réserve et quotité disponible) 237
Résumé 28 238

IVe SECTION. — ***Comment on défend ses droits.***

Idée générale de la procédure civile. 239
Voies de recours contre le jugement 241
Voies d'exécution du jugement. 242

Appendice : *De la faillite* 244
De la liquidation judicaire. 244
Résumé 29 245

TABLE ALPHABÉTIQUE

A

Pages

Acceptation d'une succession. 219
— sous bénéfice d'inventaire. 228
Accession. 155
Acheteur (obligations de l'). 179
Acquisition des fruits . . 152
— de la propriété (Modes d'). 154
Actes authentiques. . . . 173
— de décès. 134
— de l'état civil 132
— de mariage. 134
— de naissance. 134
Actions et obligations. . 142
— oblique. 198
— paulienne. 199
— possessoires. . . . 153-154
Administratif (droit). . . 7
Administration légale. . 119
Administrative (organisation). 40
Administratives (juridictions) 70
Adoption. Définition. . . 107
Agréés près les tribunaux de commerce. . . . . 67 *n*.

Pages

Aliénés 129
— (Loi du 30 juin 1838 sur les). 129
— Placement dans un asile d'). 129
— (Incapacité des). . . 129
Alimentaire (obligation) 115
Alliance. 114
Antichrèse. 205
Appel. 241
— (Les Cours d') . . . 64
Arrêtés préfectoraux. . 42
Arrêtés municipaux. . . 54
Arrondissement 47
— (Conseil d'). 48
Ascendants 214
Asile (Placement des aliénés dans un). 129
Assises (Cours d'). . . 83
Assistance judiciaire. . 61
Association (Liberté d'). 18
Associés (obligation des) 191
— Droits des). 191
Assurances (Contrat d') 195
— Maritimes. 195
— terrestres 195
Attributions communes à la Chambre et au Sénat. 83
— spéciales à la Chambre. 85

— spéciales au Sénat. . . 35
Attributions du Conseil général. 44
— du Conseil d'arrondissement. 49
— du Conseil municipal. 57
Authentiques (Testament). 228
Autorité maritale. 120
— paternelle. 118
Avocats 67
Avoués 67

B

Bailleur (obligations du). 181
Baux à ferme et à loyer. 181
Bénéfice d'inventaire . . . 228
Biens. 144
— meubles. 145
— immeubles. 146
— du domaine public. 146 *n.*
— du domaine privé de l'Etat 146
— des départements. . . 146
— des communes. . . . 146
— des établissements publics. 146
Billet de banque. 208
— à ordre. 207
Bornage.. . . . . 162 *n.*
Budget. 21

C

Capacité de contracter . . 171
Caractère déclaratif du partage. 222
Cassation (cour de). . . . 63
— (pourvoi en). 241
Caution. — Définition. . 193
— (bénéfices appartenant à la). 193
Cautionnement 193
Célébration du mariage (formes de la) 100
La *Chambre* des députés. 27
Cheptel . . . . . . 184 et 185
Classes (différentes) d'héritiers. . . . . . . 211 à 213
Civil (actes de l'état). 132 à 135
Civile (constatation des principaux faits de la vie). . . . . 132 à 135
— (Notions de la personnalité) 137
Civiles (Les juridictions). 62 à 67
— Les sociétés 187
Citoyens (Droits garantis aux) . . . . 13 à 24
Les Codes . . . . . . 10 et 11
Collatéraux 112-213
Colonage (partiaire ou métayage). 184
Commerce (effets de). 205 à 209
— (Les tribunaux de). . . 65
Commercial (Droit) . . . 9
Commerciales (Les sociétés) 188
Commission départementale 45
Commodat ou prêt à usage 194
Communauté légale . . . 187
Commune 51
— (Biens de la). 146
— (Administration des biens de la). 146
— (Jouissance des biens de la) 146
— (Aliénation des biens de la). 146
Comptes (la Cour des) . . 70
Computation des degrés

en ligne directe. 112
— collatérale. 112
Condition des étrangers en France 92
Les *congés*. 184
Conjoint survivant. . 216-217
Conscience (Liberté de). . 17
Le *conseil* d'arrondissement. 48
Le *conseil* d'Etat 71
— De famille. 125
Le *conseil* général. . . . 43
Le *conseil* Municipal. . . 55
Les *conseils* de préfecture. 72
Les *conseils* de prud'hommes, ... 66
Consommation (prêt de). 195
Constatation des principaux faits de la vie civile. . . . . 132 à 135
Constitution de la famille. 97
Constitutionnel (droit). . 9
Contrats. 170
Contrat de mariage . . . 186
Le contrat considéré comme mode d'opérer une transmission de propriété. 156, 5e
Contrats usuels (Etude pratique des) . . . . . . 177 s.
— d'assurance. 195
Contrat de louage 181
— de société 191
— de mandat 191
— de donation 192
— de prêt 194
— (Des cas ou l'on peut disposer d'une succession par). 231
Contributions directes . . 21
— indirectes. 21
Contrôle des dépenses publiques 21
Des *conventions*. 170
—(Limites à la liberté des) 170
— font la loi des parties . 171
— verbales donnant lieu à la perception des droits fiscaux. . . . . . . 173 *n.*
Correctionnelles (Peines). 81
Correctionnels (Tribunaux). 85
Cours d'appel 64
Cours d'assises 83
Cour de cassation. 68
— des comptes 70
Créance (Droits de). . . . 147
Créancier (Droits du). . 196
Crédit (Moyens de). . . . 201
— réel et crédit personnel. 201
Criminel (Idée générale du droit) 76
— (Peines). 78
— (Tribunaux). 83
Culpabilité (Conditions de la) 76
Curatelle des mineurs émancipés. 157

D

Déclaratif du partage (Caractère) 222
Déclarations imposées aux héritiers 225
Décès (acte de) 134
Degrés de parenté. . . . 112
— en ligne directe. . . . 112
— en ligne collatérale . . 112
Délits 172
Démembrements de la propriété 150
Départementale (Commission).. 45

Département 40
Dépenses publiques . . . 21
— leur ordonnancement. . 21
— leur payement 21
Descendants 218
Devoirs dans la famille. 117, 120
Dévolution des successions. . . . . 211 *s.*
— de la tutelle 125
Dissolution du mariage . 107
Divisions du droit. . . . 8
Domaine public . . . 146 *n.*
— *privé* de l'Etat . . . 146 *n.*
Domicile (Etranger autorisé à fixer en France son) 93
Domicile (Différence entre la résidence, l'habitation et le) 135
— élu. 135
Donation entre vifs . . . 192
— de biens à venir. . . . 231
— entre époux pendant le mariage. 193
Dotal (Régime). 188
Droits (Comment on défend ses). 239
Droits de créance. . . . 166
— personnels 166
— de mutation. . . . . 174 *n.*
— perçus sur les locations verbales. . . . . . . 174 *n.*
Droits civils 89
Droits dans la famille. 117 *s.*
Droits politiques. 93
Droits publics 93
Droits réels. 147

E

Education des enfants. . 118
Effets de commerce. . . . 205
Egalité civile. 13
— entre les enfants. . . . 218
Emancipation. 127
Emancipés (Curatelle des mineurs). 127
Empêchements de mariage 104
Enfants (Egalité entre les). 218
— (Légitimité des) 122
— naturels. 122
Enregistrement des actes écrits. . . . . 173 *n.*
— (Importance fiscale de l'). . . . . 173 *n.*
Enumération des incapables 124
Epoux (Droits respectifs quant aux biens des) . . 120
— (Obligation alimentaire entre) 120
— (Succession entre). 216-217
Esprit (Faibles d') 130
Etat (Le Conseil d'). . . . 71
Etrangers en France (Condition des) 92
Etude pratique des contrats les plus usuels . . 177
Exécutif (Pouvoir). . . . 87
Exécution (Voies d'). . . 242
Expropriation pour cause d'utilité publique. . . . 158
Extraits des actes de l'état civil 133

F

Faibles d'esprit. 130
Faillite. 244
Famille (comment elle se forme) . . . . 97 à 111
— (Constitution de la) . 97 *s.*
— (Devoirs dans la) . . 117 *s.*

— (Droits dans la). . . 117 *s.*
Femme mariée (Subordination de la) 120
Ferme (Baux à) 181
Fermier (Obligations du). 181
Fisc (Obligations de l'héritier à l'égard du). . . . 225
Fondement du droit de punir. 76
Français (Dans quels cas on est) 90
Frères et Sœurs héritiers légitimes. 213

G

Gage. 205
— des créanciers (Les biens du débiteur sont le) 196
Garantie d'éviction. . . . 178
— des vices cachés, . . . 179
— accordées au vendeur . 179
— accordées au bailleur . 183
Gens (Droit des) 9
Gestion d'affaires. 172
Gratuité de la justice. . . 61

H

Habitation (différence de la résidence et de l') . . 135
Héritiers (différentes classes d') . . . . . . 211 à 213
Huissiers 67
Hypothèque (Définition). . 204
— Ressemblances avec le privilège) 204
— (Différences avec le privilège). 204
— (Sources de l'). 204

I

Idée générale du droit criminel 76
Immeubles (des biens) . . 144
Impôt (vote de l'). 21
Incapacités (Indication des). 124
Incapables (Protection des) 124
Indigents (Mariage des) 101 *n.*
Indignité 210
Individuelle (Liberté) . . 15
Industriel (Droit) 9
Industrielle (la propriété). 163
Inscription maritime. . 22 *n.*
Instance (Les tribunaux de première). 65
Institution contractuelle . 231
Interdiction (Définition de l'). 128
— du partage entre les habitants . . . . . 146 et 147
Interdits (Incapacité des). 128
Intérêt (prêt à). 194
Inventaire (Bénéfice d'). . 226
Inviolabilité de la propriété. 158
Irrévocabilité des donations 192
— (Exceptions à l'). . . . 192
Jouissance des droits civils. 93
Jouissance légale (Droit de 119
Judiciaire (Organisation). 61 *s.*
Jugement. 241
— (Voies de recours contre le) 241
Juges de paix. 65
Juridictions administratives . . . . 70 *s.*

Juridictions civiles . . 62 à 67
Justice (Publicité et gratuité de la) 61

L

Légataire. 234
— (Mise en possession du) 235
— (Garantie du). 237
Législatif (pouvoir) . . 27 à 37
Légitimité des enfants. . 122
Legs (différentes espèces de) 234
— universel. 235
— à titre universel . . . 235
— à titre particulier . . . 235
Lettre de change 205
Liberté de conscience . . 17
— des conventions. . . . 170
— individuelle 15
— de la presse 19
— de réunion et d'association. 18
— du travail 16
Limites du droit de propriété. 151
— de la liberté des conventions 170
— du droit de disposer de ses biens 237
Liquidation judiciaire. . 244
Littéraire (la propriété) . 163
Locataire (Obligations du) 181
Locatifs (Risques) 182
Lois constitutionnelles de 1875 25
Louage (Contrat de). . . 181
Louage des choses. . . . 185
— d'ouvrage ou d'industrie
Loyer (baux à) 185
Règles particulières à Lyon (la Ville de). . . 69

M

Maire 51
Mandat (Du contrat de) . 191
— (Fin du) 192
Mariage 97
— (Actes de) 134
— (Contrat de). 186
— (Dissolution du). . . . 107
— (Empêchements de) . . 104
— (Des nullités du). . . 105
— (Oppositions). 103
— (Publications). 100
— des indigents (Loi de 1850) . . . . 101 *n.*
Maritale (Autorité). . . . 120
Maritime (Inscription). . 22 *n.*
Matrimoniaux (Indication et esquisse des principaux régimes). 186
Métayage ou colonage partiaire 184
Meubles par détermination de la loi ou valeurs mobilières. 145
— (Possession vaut titre en fait de). 153
Militaire (Service). . . . 22
Mineurs 125
— (Situation légale des). . 125
— (Incapacité des). . . . 125
— émancipés 127
Ministres. 88
Ministère public 67
Mitoyenneté. 162
Mobilières (Valeurs). . . 145
Modes d'acquérir (Classification des). 154
— d'extinction des obligations. 175
Moyens de crédit 201

Municipal (Le Conseil). . 55
Mutation (Droits de). . 174 *n.*
Mystique ou secret (Testament). 233

N

Naissance (Actes de). . . 134
Nationalité (Définition). . 89
— française (Acquisition et perte de la). . . . . . . 90 *s.*
Naturel (Le Droit) 7
— (Enfants). 122
Nomination du Président de la République. . . . 37
— des Ministres. 38
— du Préfet 41
— du Sous-Préfet. 48
— du Maire. 51
Notion de la personnalité civile. 137
Notions sommaires sur les principaux contrats. . . 177
Nullités du mariage. . . 105

O

Obligations (Différentes espèces d'). 167
— de l'acheteur 179
— et actions 142
— du bailleur 181
— civiles. 167
— conditionnelles 167
— conjointes. 169
— (Exécution des). . . . 175
— (Faits donnant naissance aux). 170
— du fermier ou locataire. 181
— des héritiers. 219
— morales. 167
— naturelles 167
— pures et simples . . . 167
— solidaires 169
— à terme. 167
— du vendeur 178
Obligation alimentaire entre époux. 120
— entre parents. 115
Oblique (action). 198
Occupation 155
Olographe (Testament). . 228
Oppositions au mariage. 103
Ordonnancement des dépenses publiques . . . 21 *n.*
Ordres d'héritiers légitimes (divers). 213
Organisation administrative 40
— judiciaire 61
Ouverture du testament. 234
Ouvriers (Rapports entre patrons et). 186

P

Paix (Les juges de) . . . 65
Parenté (Notion de la). . 111
Paris (Règles particulières à la ville de). 58
Partage entre cohéritiers. 220
— des biens de la commune. . . . . 146 et 147 *n.*
— au point de vue fiscal. 226
Partiaire (Colonage). . . 184
Partis divers que peut prendre une personne appelée à une succession. 219
Paternelle (Autorité). . . 118
Patrons (Rapports entre ouvriers et). 186
Paulienne (Action). . . . 199
Payement 172-175
Peines (Définition). . . . 78
— Criminelles 79

— Correctionnelles. . . . 81
— de simple police. . . . 81
Personnalité civile (Notion de la). 137
Personnel (Crédit). . . . 201
Personnes morales (Diverses catégories de) . . 137
— du droit administratif . 137
— du droit privé. 137
Personnes punissables . . 76
Perte de la chose vendue, avant livraison. 180
Police (Peines de simple). 81
— (Tribunaux de simple) . 85
Positif (Le droit) 7
Possession (Comparaison avec la propriété). . . . 151
— (Effets attachés à la). . 152
Possessoires (Actions) . . 153
Poursuite contre les héritiers (Droit de) 224
Pourvoi en cassation . . 241
Pouvoirs publics 25
Pouvoir législatif 27
— exécutif 37
Pouvoirs (Séparation des). 26
Préfecture (les conseils de) 66
Préfet 41
Prescription (à l'effet d'acquérir) 156
— (extinctive des obligations 176
Président de la République. 37
Presse (Liberté de la) . . 19
Prêt à intérêt 195
— à usage ou commodat . 191
— de consommation . . . 194
Preuve 172
— des contrats à défaut de preuve écrite. 173
— par témoins. 174
— par présomption abandonnée à la sagesse du juge . . . . 175 *n.*
— en matières commerciales. . . . . 175 *n.*
— des actes de l'état civil. 182
Privé (Droit). 9
Privilèges. 202
— des copartageants . . . 232
— (du rang des) 202
Procédure (Notions sommaires sur la). 239
— d'ordre 242
— de contribution 242
Prodigues 130
Propriété (Acquisition de la) 155
— (Démembrements de la). 159
— industrielle 163
— littéraire. 163
Protection des incapables. 124
Prud'hommes (les conseils de). 66
Public (le droit) 9
— (le ministère) 67
— (Testament) 232
Publications de mariage. 100
Publicité et gratuité de la justice 6
Puissance paternelle. . . . 1
— maritale. . . . .
Punir (Fondement du droit de). . . . .
Punissables (Des personnes) 76

Q

Quasi-contrats. 172
Quasi-délits 1

Quotité disponible. . . . 237

R

Rapports de la morale avec le droit. 7
— entre patrons et ouvriers 186
— à succession. 223
— des donations entre-vifs 223
— des legs. 224
— des dettes. 224
Reconduction tacite. . . 184
Recours (Voies de) . . . 241
Le *Recrutement*. 22
Rectification des actes de l'état civil. 133
Réel (Droit). 147
— (Crédit). 201
Régimes matrimoniaux . 186
— de communauté légale.. 187
— exclusif de communauté 188
— de séparation de biens. 188
— dotal. 188
Registres de l'état civil. . 132
Règles générales de la dévolution des successions. 211
Renonciation à une succession. 219
Réparations locatives. . 182
Répression (Tribunaux de) 83
Représentation 218
Réserve. 237
idence (Différence entre l'habitation et la).. 137
Résolution (Droit de). . . 180
Responsabilité du Président de la République. 38
— des Ministres. 39
— des locataires en cas d'incendie. 183
Réunion (Liberté de). . . 18
Risques locatifs 143
Rhône (règles particulières au département du). . . 59

S

Saisie-arrêt 243
— exécution.. 243
— immobilière 243
Secret ou mystique (Testament). 232
Seine (Règles particulières au département de la) . 58
Le *Sénat*. 29
Séparation des pouvoirs. 26-27
— de biens. 188
Service militaire. 22
Servitudes. 159
Les *Sociétés* civiles. . . . 137
Sociétés commerciales.. . 138
— par intérêt et par action 139
— en nom collectif. . . . 139
— anonyme 140
— en commandite.. . . . 141
Solidarité (de la) 169
Sous-locations (les). . . . 183
Sous-préfet. 48
Subordination de la femme mariée 117
Subrogé-Tuteur. 125
Les *Successions*. 211
— entre époux.. . . . 216-217
— déférées par la loi. . . 211
Successeurs irréguliers 211-216
— (divers ordres). 211

T

Tacite reconduction . . . 184
Témoins (Preuve par) . . 174
Tenue des registres de l'état civil 132

Territoire (Division du) . 40
Testament. 228
— olographe 232
— public ou authentique . 232
— secret ou mystique. . . 233
— (Conditions fiscales du). 234
Transmission de la propriété par contrat . . . 156
— Des biens d'une personne décédée. 211
Travail (Liberté du) . . . 16
Tribunaux de commerce. 65
Tribunaux correctionnels. 85
Tribunaux de première instance. 65
Tribunaux de répression. 83
— de simple police. . . . 85
Tutelle 125
— des mineurs 125
— (Dévolution de la). . . 125
Tuteur (Droits et devoirs du). 126

U

Usufruit légal des père et mère. 110
Usure. 195
Utilité publique (Expropriation pour cause d'). 158

V

Vendeur (obligations du). 178
Valeurs mobilières . . . 145
Vente (définition.) 178
Vie civile (Constatation des principaux faits de la) 182
Voies d'exécution (Notions sommaires sur les) 242
Voies de recours 241
Vote de l'impôt. 21

Imp. C. Saint-Au[illegible] et Thevenot, St-Dizier (Hte-Marne), 15-17,

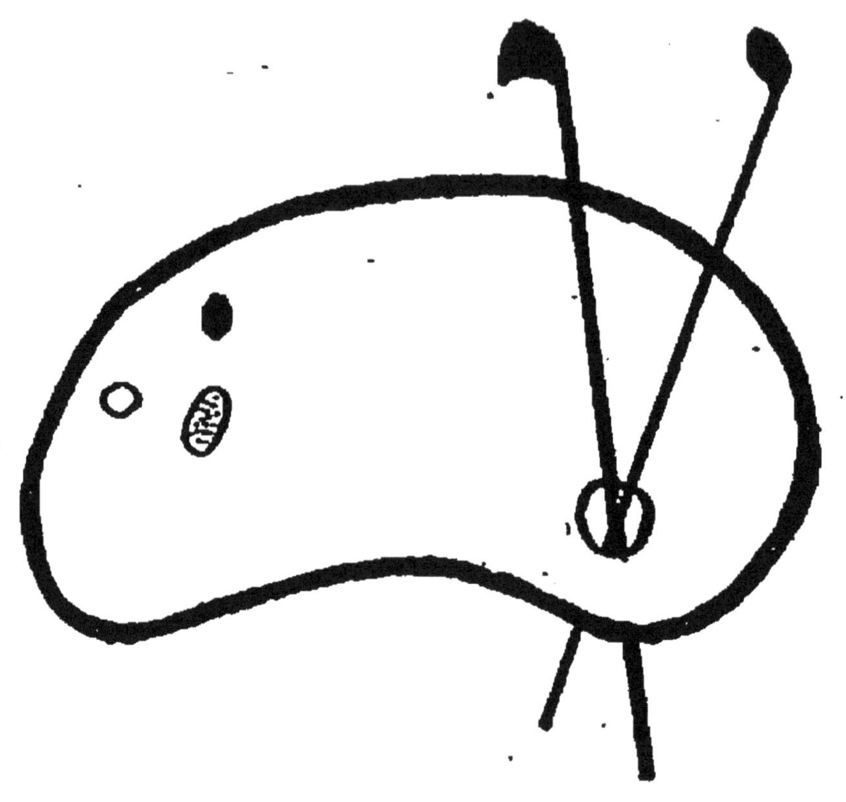

www.ingramcontent.com/pod-product-compliance
Ingram Content Group UK Ltd.
Pitfield, Milton Keynes, MK11 3LW, UK
UKHW012024240726
13965UKWH00002B/562